高职高专经管类专业实践创新教材

管理会计
（微课版）

李玉亭 ◎ 主编

沙珍珍 高琳 李真 ◎ 副主编

清华大学出版社
北京

内 容 简 介

　　管理会计是适应企业内部管理预测、决策、控制、考核的需要而产生的新兴学科，它把会计与管理结合起来，为加强企业管理、提高经济效益服务。本书主要介绍管理会计的基本理论和方法，包括决策、控制和考核评价等内容，侧重实践教学方法的应用，注重理论联系实际，结合"教学内容模块化"编写，每个项目按照"情景引例—内容导读—典型工作任务—任务清单—思政之窗—项目小结—能力训练—项目工作成果评价"的体例编写，层次清晰，逻辑严谨，主线突出，针对性强，可使学生熟悉相关的基础知识、基本理论，掌握管理会计的基本技能。

　　本书配有教学视频、课件、电子教案、测试题、拓展案例等丰富的教学资源，既可作为高等职业院校财务会计类专业的教材，也可供社会读者阅读、参考。

本书封面贴有清华大学出版社防伪标签，无标签者不得销售。
版权所有，侵权必究。举报：010-62782989，beiqinquan@tup.tsinghua.edu.cn。

图书在版编目（CIP）数据

管理会计：微课版/李玉亭主编．—北京：清华大学出版社，2023.12
高职高专经管类专业实践创新教材
ISBN 978-7-302-65020-1

Ⅰ.①管⋯　Ⅱ.①李⋯　Ⅲ.①管理会计－高等职业教育－教材　Ⅳ.①F234.3

中国国家版本馆 CIP 数据核字(2023)第 230903 号

责任编辑：强　溦
封面设计：傅瑞学
责任校对：袁　芳
责任印制：宋　林

出版发行：清华大学出版社
网　　址：https://www.tup.com.cn，https://www.wqxuetang.com
地　　址：北京清华大学学研大厦 A 座
邮　　编：100084
社 总 机：010-83470000
邮　　购：010-62786544
投稿与读者服务：010-62776969，c-service@tup.tsinghua.edu.cn
质量反馈：010-62772015，zhiliang@tup.tsinghua.edu.cn
课件下载：https://www.tup.com.cn，010-83470410

印 装 者：三河市人民印务有限公司
经　　销：全国新华书店
开　　本：185mm×260mm　　印　张：13　　字　数：298 千字
版　　次：2023 年 12 月第 1 版　　印　次：2023 年 12 月第 1 次印刷
定　　价：48.00 元

产品编号：098784-01

前言

党的二十大报告指出,高质量发展是全面建设社会主义现代化国家的首要任务。在构建高水平社会主义市场经济体制、加快建设现代化经济体系、推动经济实现质的有效提升和量的合理增长的过程中,会计人才是经济社会发展的重要基础资源,全面提高会计人才质量,是推动经济高质量发展的内在要求,是会计行业持续健康发展的必然要求。会计人员应不断学习,提升自身素养,为企业创造更多的价值,为社会发展作出努力。作为我国会计改革重点方向的管理会计是适应企业内部管理预测、决策、控制、考核的需要而产生的新兴学科,它把会计与管理结合起来,为加强企业管理、提高经济效益服务。管理会计既是实现企业管理现代化的手段,又是企业现代化管理的一项主要内容。国内外众多企业实践证明管理会计是对企业的战略、业务、财务一体化管理十分有效的工具。

2014年10月,《财政部关于全面推进管理会计体系建设的指导意见》对管理会计在我国的建设做出了重要指导。为了更好地促进各单位加强管理会计工作,2016年6月,财政部印发了《管理会计基本指引》,而后陆续印发了34项《管理会计应用指引》。2017年9月,财政部印发了《关于印发〈管理会计应用指引第100号——战略管理〉等22项管理会计应用指引的通知》,进一步明确了管理会计的各种工具和方法。2021年11月,财政部印发的《会计改革与发展"十四五"规划纲要》中明确指出:"加强对企业管理会计应用的政策指导、经验总结和应用推广,推进管理会计在加速完善中国特色现代企业制度、促进企业有效实施经营战略、提高管理水平和经济效益等方面发挥积极作用。加强管理会计在行政事业单位的政策指导、经验总结和应用推广,为行政事业单位提升内部治理水平作出有益探索。"本书正是为适应现代企业经济管理的需要而编写的。

在当前职业教育转型的大背景下,院校在课程的设置上除了保持课程系统的理论体系外,更加注重技能培养,更加注重课程的实践性、实用性和创新性,编者团队在深入研究讨论的基础上编写了本书。本书的主要特色如下。

1. **落实立德树人根本任务,融入课程思政元素**

本书紧密围绕立德树人根本任务,培养学生的爱国情怀、职业道德和职业素养。在选材方面注重知识传授、价值塑造和能力培养的多元统一,全面融入课程思政元素,每个项目均设有课程思政、素质目标、思政之窗。项目主题涉及管理会计实务工作的各个方面,让学生在学习过程中开阔思路,提升职业素养。

2. **配套资源丰富,构建新形态教材**

按照"互联网+"新形态教材的建设理念,充分利用信息化手段构建教学资源库,多形

式立体化呈现教材内容。其中,重点学习知识的文字内容以"知识锦囊"的形式呈现,线上课程内容以"视频讲解"的形式呈现,学生可通过扫描书中二维码的方式获取。本书编写团队建设有山东省精品资源共享课"管理会计",教学资源丰富,提供教学视频、课件、电子教案、测试题、拓展案例等,学生可在线学习。本书能够提升学生的阅读体验,提高学生的学习兴趣,更能够开阔学生视野,帮助其了解学科相关知识,并为教师开展信息化教学改革、探索教学新生态模式提供良好的基础。

3. 注重职业能力培养,培养学生学习主动性

本书在制订编写方案时,注重基础理论的实用性、时代性,在多家企业、用人单位和高校做过调研,广泛征求财务工作人员和财务教师的意见,依据管理会计实务设计项目任务,每个项目设置任务清单。授课时,学生可先扫描书中二维码学习"知识锦囊"和"视频讲解",尝试完成任务清单,教师再进行知识讲解,学生修正任务清单,加深对知识的理解和应用,实现"教、学、做"一体化,引导学生主动探索思考,培养学生学习能力。

4. 内容与时俱进,体系完整合理

本书参考《管理会计基本指引》和《管理会计应用指引》设计编写内容,设置11个学习项目,将作业成本法、平衡计分卡、战略地图等前沿内容纳入编写体系中,使教材体系更完整,框架更合理。

本书由青岛酒店管理职业技术学院李玉亭担任主编,沙珍珍、高琳、李真担任副主编,杨晓彤、李慧、李林雪、孙丽、付筱惠参编。具体编写分工如下:李玉亭负责策划及统稿,并编写项目1、项目10;沙珍珍编写项目2、项目7、项目9;杨晓彤编写项目3;高琳编写项目4;李慧编写项目5;李真编写项目6;孙丽编写项目8;付筱惠编写项目11;杨晓彤和李慧负责整理课件;李林雪和孙丽负责整理习题;付筱惠负责整理数字资源。在编写过程中,本书参考了大量的文献资料,在此一并向参考文献的作者表示诚挚的谢意。

本书企业资料中的所有内容,包括单位名称、人名、经营数据等均为虚构,如有雷同,纯属巧合。由于编者水平有限,书中难免存在疏漏与不当之处,敬请广大读者批评、指正。

编　者

2023 年 10 月

目录

项目1　管理会计基础知识
- 任务1　认识管理会计 ……………………………………………… 2
- 任务2　学习管理会计师的职业道德 ……………………………… 5
- 思政之窗 ……………………………………………………………… 7
- 项目小结 ……………………………………………………………… 7
- 能力训练 ……………………………………………………………… 8
- 项目工作成果评价 …………………………………………………… 11

项目2　成本性态分析
- 任务1　认识成本性态 ……………………………………………… 13
- 任务2　分析成本性态 ……………………………………………… 15
- 思政之窗 ……………………………………………………………… 24
- 项目小结 ……………………………………………………………… 24
- 能力训练 ……………………………………………………………… 25
- 项目工作成果评价 …………………………………………………… 27

项目3　变动成本法
- 任务1　认识变动成本法和全部成本法 …………………………… 30
- 任务2　应用变动成本法和全部成本法 …………………………… 32
- 思政之窗 ……………………………………………………………… 35
- 项目小结 ……………………………………………………………… 35
- 能力训练 ……………………………………………………………… 36
- 项目工作成果评价 …………………………………………………… 40

项目4　本量利分析
- 任务1　认识本量利分析 …………………………………………… 42
- 任务2　分析保本点 ………………………………………………… 44
- 任务3　分析保利点 ………………………………………………… 48
- 任务4　分析利润敏感性 …………………………………………… 50
- 任务5　绘制本量利关系图 ………………………………………… 52
- 任务6　评价经营安全程度 ………………………………………… 54
- 思政之窗 ……………………………………………………………… 57

项目小结 ··· 57
　　能力训练 ··· 58
　　项目工作成果评价 ··· 62

项目 5　预测分析

　　任务 1　认识经营预测 ·· 64
　　任务 2　预测销售 ··· 67
　　任务 3　预测成本 ··· 69
　　任务 4　预测利润 ··· 71
　　任务 5　预测资金 ··· 73
　　思政之窗 ··· 75
　　项目小结 ··· 75
　　能力训练 ··· 75
　　项目工作成果评价 ··· 78

项目 6　短期经营决策

　　任务 1　认识决策分析 ·· 80
　　任务 2　识别短期经营决策中的相关概念 ································ 82
　　任务 3　掌握短期经营决策通用分析方法 ································ 84
　　任务 4　制定生产决策 ··· 86
　　思政之窗 ··· 93
　　项目小结 ··· 93
　　能力训练 ··· 94
　　项目工作成果评价 ··· 98

项目 7　长期投资决策

　　任务 1　认识长期投资 ··· 101
　　任务 2　估算现金流量 ··· 107
　　任务 3　制定长期投资决策 ··· 109
　　思政之窗 ·· 119
　　项目小结 ·· 120
　　能力训练 ·· 120
　　项目工作成果评价 ··· 123

项目 8　全面预算

　　任务 1　认识全面预算 ··· 126
　　任务 2　编制全面预算 ··· 130
　　思政之窗 ·· 135

项目小结 ………………………………………………………… 135
　　能力训练 ………………………………………………………… 135
　　项目工作成果评价 ……………………………………………… 140

141 项目9　标准成本制度
　　任务1　认识标准成本系统 …………………………………… 142
　　任务2　制定标准成本 ………………………………………… 144
　　任务3　计算分析成本差异 …………………………………… 147
　　任务4　应用作业成本法 ……………………………………… 150
　　思政之窗 ………………………………………………………… 154
　　项目小结 ………………………………………………………… 154
　　能力训练 ………………………………………………………… 154
　　项目工作成果评价 ……………………………………………… 159

160 项目10　责任会计
　　任务1　认识责任会计 ………………………………………… 162
　　任务2　考评成本中心 ………………………………………… 164
　　任务3　考评利润中心 ………………………………………… 166
　　任务4　考评投资中心 ………………………………………… 169
　　任务5　制定内部转移价格 …………………………………… 171
　　任务6　应用绩效管理工具 …………………………………… 173
　　思政之窗 ………………………………………………………… 177
　　项目小结 ………………………………………………………… 177
　　能力训练 ………………………………………………………… 178
　　项目工作成果评价 ……………………………………………… 182

183 项目11　战略管理
　　任务1　认识战略管理 ………………………………………… 184
　　任务2　设计战略地图 ………………………………………… 186
　　思政之窗 ………………………………………………………… 188
　　项目小结 ………………………………………………………… 188
　　能力训练 ………………………………………………………… 188
　　项目工作成果评价 ……………………………………………… 191

192 附录

200 参考文献

管理会计基础知识

项目1
Xiangmu 1

情 景 引 例

　　LK公司是一家纸制品生产公司,主要生产各类复印纸、包装纸等。每类纸张又有许多规格,如复印纸可区分为A4纸、B5纸等,包装纸可区分为普通包装纸和专用包装纸等。以前由于竞争不激烈,公司的成本会计系统只按大类计算成本,业绩报告分别反映复印纸和包装纸的业绩。

　　2023年,当地又开设了一家新的包装纸生产公司,生产LK公司所生产的普通包装纸系列产品。由于其报价低于LK公司,所以LK公司的一些普通包装纸业务开始流失。面对这种情况,LK公司的领导层要求会计人员立刻提供详细的业绩分析报告。会计人员经过一番努力,调整了包装纸的成本计算体系,最终形成了反映各种规格包装纸利润率的业绩报告。原来的业绩报告表明,包装纸的平均利润率达到了40%,重新分析后却发现,其中普通包装纸的利润率为50%,而专用包装纸几乎不赚钱。于是LK公司决定,将包装纸生产部门划分为两个责任中心:普通包装纸责任中心和专用包装纸责任中心。对普通包装纸采取降价措施,同时要求管理会计人员密切关注竞争对手的业绩信息,每周提供一次报告,以便及时根据该公司的财务业绩、定价策略和市场渗透情况做出反馈;而对专用包装纸,则要求管理会计人员提供相应的建议,帮助监督和控制其成本,以提高专用包装纸生产的利润率。会计人员明显感到,在新的竞争环境下自身的责任更重了,迫切需要掌握新的管理会计技能来满足管理者的新需求。

课程思政

- 梳理中国企业管理会计的发展历程,总结中国企业实践对建设中国管理会计体系的贡献,坚持"四个自信"。

- 培养正确的企业观,树立办企业为人民的理念。

知识目标

- 了解管理会计形成和发展的一般过程。
- 理解管理会计的概念及本质。
- 掌握管理会计的基本内容。
- 理解管理会计与财务会计的区别和联系。
- 理解管理会计在企业管理中的作用。
- 了解管理会计师应遵循的职业道德规范。

能力目标

深入掌握管理会计的基本理论。

素质目标

- 认识管理会计的重要性,建立良好的认知态度。
- 培养遵守职业道德规范的意识。

任务1 认识管理会计

任务清单1-1 认识管理会计

项目名称	内容
任务情景	在企业的经营发展过程中,管理会计工作发挥着重要的作用,对企业的经济活动有重要的影响。随着社会经济的不断发展,企业间的竞争日趋激烈,对企业的经营管理标准提出了更高的要求。企业在发展的过程中,需要不断提高自己的管理会计水平,提升企业的核心竞争力,占领更大的市场份额。管理会计到底是什么呢?我们一起来学习吧
任务目标	1. 了解管理会计形成和发展的一般过程 2. 理解管理会计的概念和本质 3. 掌握管理会计的基本内容 4. 理解管理会计与财务会计的区别和联系 5. 理解管理会计在企业管理中的作用
任务要求	根据任务情景,通过网络搜索和阅读知识锦囊,梳理并完成上述任务目标

续表

项目名称	内　容
任务实施	1. 管理会计形成和发展的一般过程 2. 管理会计的概念和本质 3. 管理会计的基本内容 4. 管理会计与财务会计的区别和联系

续表

项目名称	内　　容
任务实施	5. 管理会计在企业管理中的作用
任务总结	完成了上述任务，你有哪些收获？ 1. 思政方面 2. 知识能力方面
实施人员	
任务点评	

【知识链接】请扫码查看完成任务清单1-1的知识锦囊和视频讲解。

知识锦囊1-1　　视频讲解1-1

任务 2　学习管理会计师的职业道德

任务清单 1-2　学习管理会计师的职业道德

项目名称	内　　容
任务情景	会计职业道德要求会计人员在其工作中正确处理人与人之间、个人与社会之间关系的行为规范和准则。它体现了社会主义经济利益对会计工作的要求，是会计人员在长期实践中形成的。加强会计职业道德建设，提高会计人员的道德素质，对于正确贯彻国家有关政策法规，加强企业管理，提高经济效益，具有十分重要的意义。 管理会计作为会计人员中的一种类型，也需要遵守管理会计师的职业道德，管理会计师的职业道德包含哪些内容
任务目标	了解管理会计师应遵循的职业道德规范
任务要求	根据任务情景，通过网络搜索和阅读知识锦囊，梳理并完成上述任务目标
任务实施	管理会计师的职业道德规范

续表

项目名称	内　容
任务总结	完成了上述任务，你有哪些收获？ 1. 思政方面 2. 知识能力方面
实施人员	
任务点评	

【知识链接】请扫码查看完成任务清单1-2的知识锦囊和视频讲解。

　知识锦囊 1-2　　　视频讲解 1-2

 思政之窗

依法办事是会计人员的天职

当法官宣判马某被判8年有期徒刑时,他猛然想起一个词叫"依法办事",然而现在想起来这个词已经太晚了。他不断问自己是从什么时候开始变了,他终于回忆起5年前的那张年度报表和董事长递到他手里的30万元现金……

5年前,马某已经是公司的财务经理,他的生活平静且自由。他平常工作不太忙,每天正常上班、下班,只有到月底、年底做报表的时候会加班。一个月的工资虽然不太多,但是他觉得挺满足。

然而这样的平静生活被董事长的一次工作谈话打断了。原来公司决定要上市了,但是证监会要对公司近3年来的业绩进行审核,如果公司业绩在3年间不是持续增长的,便不具备上市资格。于是董事长找马某来帮助解决这个问题,并承诺给他一笔钱。董事长的意思很明显,就是要马某做假账,帮助公司伪造近3年的会计信息。

董事长和马某的第一次谈话并不顺利,马某想都没想就一口回绝了董事长的要求。在他看来,作为一名会计人员,替公司做假账,伪造上市条件,是害人害己的事。

当董事长第二次找到马某的时候,给他开出的条件优厚了很多,除30万元现金外,还承诺提升他当公司的财务总监。马某对钱和权并不感兴趣,但是当董事长说出了第三个条件的时候,马某犹豫了。董事长的第三个条件是公司出面替马某的儿子办理出国留学手续,留学期间一切费用由公司负担。

马某经过一个星期的思考,决定答应董事长的要求。于是,马某背离会计人员依法办事原则的第一步从此迈出去了。他哪里知道这是条不归路,只要迈出第一步就很难再回头。当道德不能约束住一个人贪婪的时候,公平和正义在他的心里也早已荡然无存。

常言道:当你说了第一个谎言,就陷入了一个谎言怪圈,因为你以后要说更多的谎言来圆你说的第一个谎言。马某也是这样,从他为公司做了第一次假账之后,以后每年都要伪造年度报表来应付审计检查。除此之外,为了能让公司筹措到更多的资金,让公司更有知名度,扩大股市影响,他还需要不断地为公司假造盈利会计信息,而公司的真实经营状况是早就连年亏损了。此时,马某想停下来,他担心有一天会面对法律的制裁,可是每当他向董事长说出这样的想法时,董事长就以断绝他在国外的儿子的生活费为由来威胁他继续做下去。

就在公司上市的第4年,公司由于造假被证监会查处,马某平静和自由的生活也没有了。马某和公司的主要负责人受到了法律的制裁。

(资料来源:宋春起,杨国民,李荣芳. 财会人员职业道德教育读本[M]. 北京:言实出版社,2012.)

 项目小结

1. 管理会计以提高企业经济效益为最终目的,通过一系列专门方法,利用财务会计提供的信息及其他相关信息进行加工、整理和报告,使企业各级管理人员能据以对日常发

生的各项经济活动进行预测、规划与控制，帮助企业管理者做出各种专门决策。

2. 管理会计的职能主要有以下几个方面：预测经济前景、参与经济决策、规划经营目标、控制经济过程和考核评价经济业绩。管理会计的最终目标是提高企业的经济效益，主要包括规划与决策会计和控制与业绩评价会计。管理会计与财务会计是现代会计的两大分支，分别服务于企业内部管理的需要和外部决策的需要，两者之间既有联系又有区别。

3. 管理会计师在履行职责时必须遵守职业道德规范，当遇到严重的职业道德问题时，可以采取与直接上级商讨、与客观的顾问进行机要性讨论等适当的行动。

能力训练

一、单项选择题

1. 管理会计的雏形产生于（　　）。
   A. 19世纪末　　　　　　　　B. 20世纪上半叶
   C. 第二次世界大战之后　　　　D. 20世纪70年代

2. 在管理会计发展史上，第一个被人们使用的管理会计术语是（　　）。
   A. 管理的会计　　　　　　　　B. 管理会计
   C. 传统管理会计　　　　　　　D. 现代管理会计

3. 自20世纪50年代以来，管理会计进入了"以预测决策会计为主，以规划控制会计和责任会计为辅"的发展阶段，该阶段被称为（　　）。
   A. 管理会计萌芽阶段　　　　　B. 管理会计过渡阶段
   C. 传统管理会计阶段　　　　　D. 现代管理会计阶段

4. 在管理会计学中，将"为实现管理会计目标，合理界定管理会计工作的时空范围，统一管理会计操作方法和程序，组织管理会计工作不可缺少的前提条件"称为（　　）。
   A. 管理会计假设　　　　　　　B. 管理会计原则
   C. 管理会计术语　　　　　　　D. 管理会计概念

5. 最优化、效益性、决策有用性、及时性、重要性和灵活性，共同构成了现代管理会计的（　　）。
   A. 管理会计假设　　　　　　　B. 管理会计原则
   C. 管理会计术语　　　　　　　D. 管理会计概念

6. 为保证管理会计信息质量对决策有用，通常要求将有关的未来信息估计误差控制在决策者可以接受的一定可信区间内，这体现了可信性原则中的（　　）。
   A. 可理解性要求　　　　　　　B. 最优化要求
   C. 可靠性要求　　　　　　　　D. 效益性要求

7. 下列项目中，不属于管理会计系统能够提供的信息是（　　）。
   A. 不发生法律效用的信息　　　B. 全面精确的信息
   C. 非价值量信息　　　　　　　D. 定性信息

8. 管理会计的服务侧重于( )。
   A. 股东 B. 外部集团
   C. 债权人 D. 企业内部的经营管理
9. 现代管理会计中占核心地位的是( )。
   A. 预测决策会计 B. 规划控制会计
   C. 成本会计 D. 责任会计
10. 管理会计正式形成和发展于( )。
    A. 20世纪初 B. 20世纪50年代
    C. 20世纪70年代 D. 20世纪80年代
11. 管理会计信息在质量上符合相关性和可信性的要求,则说明管理会计信息符合( )。
    A. 效益性原则 B. 最优化原则
    C. 及时性原则 D. 决策有用性原则
12. 下列项目中,能够规定管理会计工作对象基本活动空间的假设是( )。
    A. 多层主体假设 B. 理性行为假设
    C. 合理预期假设 D. 充分占有信息假设

二、多项选择题

1. 管理会计属于( )。
   A. 现代企业会计 B. 经营型会计 C. 外部会计
   D. 报账型会计 E. 内部会计
2. 管理会计的职能包括( )。
   A. 参与经济决策 B. 控制经济过程 C. 规划经营目标
   D. 预测经济前景 E. 考核评价经营业绩
3. ( )属于现代管理会计的基本内容。
   A. 预测决策会计 B. 责任会计 C. 预算会计
   D. 规划控制会计 E. 以上都是
4. ( )的出现标志管理会计的原始雏形的形成。
   A. 标准成本计算制度 B. 变动成本法 C. 预算控制
   D. 责任考评 E. 以上都是
5. 下列项目中,属于在现代管理会计阶段产生和发展起来的有( )。
   A. 规划控制会计 B. 管理会计师职业 C. 责任会计
   D. 管理会计专业团体 E. 预测决策会计
6. 下列项目中,可以作为管理会计主体的有( )。
   A. 企业整体 B. 分厂 C. 车间
   D. 班组 E. 个人
7. 管理会计是( )。
   A. 活账 B. 呆账 C. 报账型会计

  D. 内部会计　　　　　　　　E. 经营型会计

8. 下列关于管理会计的叙述,正确的有(　　)。
  A. 工作程序性较差　　　　　B. 可以提供未来信息
  C. 以责任单位为主体　　　　D. 必须严格遵循会计原则
  E. 重视管理过程和职工的作用

9. 可以将现代管理会计的发展趋势简单地概括为(　　)。
  A. 系统化　　　　B. 规范化　　　　C. 职业化
  D. 社会化　　　　E. 国际化

10. 西方管理会计师职业团体主要从事的工作包括(　　)。
  A. 组织纯学术研究　　　　　B. 组织专业资格考试
  C. 安排后续教育　　　　　　D. 制定规范和标准
  E. 推广管理会计方法

三、案例分析题

  A公司刚从财务会计工作转入管理会计工作的会计人员张某,对管理会计知识不甚了解。以下是他对管理会计提出的个人观点。

(1) 管理会计与财务会计的职能一样,主要是核算和监督。
(2) 管理会计和财务会计是截然不同的,无任何联系。
(3) 管理会计报告要在会计期末以报表的形式上报。
(4) 管理会计吸收了经济学、管理学、数学等方面的研究成果,在方法上灵活多样。
(5) 贯穿管理会计的理论是本量利分析理论。
(6) 管理会计服务于企业外部,受会计法规的约束。
(7) 管理会计的职能主要是满足企业各项管理职能的需要。
(8) 管理会计的信息质量特征与财务会计的信息质量特征完全不同。
(9) 在提供管理会计信息时可以完全不用考虑成本效益原则。
(10) 管理会计师可以将手中掌握的信息资料随意提供给他人。
(11) 与财务会计相比,管理会计不能算是一个独立的职业,它的职业化发展受到限制。

要求:
(1) 对以上观点加以分析说明,指出正确与否。
(2) 说明管理会计主要的管理目标和管理职能是什么。

训练笔记

项目工作成果评价

评价指标		权重	评价等级及分值			得分		
			A(3分)	C(2分)	D(1分)	自评	互评	师评
项目工作完成态度		10%	态度非常积极,能主动参与或组织活动	具备基本的工作态度,能参与活动	没有具备基本的工作态度,有时不能参与活动			
			与小组同学合作良好	基本能与小组同学合作	与小组同学合作不太好			
			认真、善始善终完成项目	还算认真,基本能善始善终完成项目	随便,有时不能善始善终完成项目			
			能主动查阅全部相关资料	能查阅一些相关资料	偶尔能查阅一些相关资料			
专业能力	认识管理会计	40%	熟练掌握管理会计基本内容	基本掌握管理会计基本内容	部分掌握管理会计基本内容			
	学习管理会计师的职业道德	40%	熟练掌握管理会计师的职业道德规范	基本掌握管理会计师的职业道德规范	部分掌握管理会计师的职业道德规范			
	职业道德思想意识	10%	完全做到爱岗敬业、严谨认真	基本做到爱岗敬业、严谨认真	部分做到爱岗敬业、严谨认真			
小 计								
本项目成绩(平均分)								

成本性态分析

项目2
Xiangmu 2

奏响"成本管控"新乐章,演绎"降本增效"新气象

对建筑企业而言,质量竞争与价格竞争是十分重要的内容。加强项目成本核算,降本增效,将成为企业的长期经营战略,并决定企业在市场中的发展潜力。中国二二冶集团冶金公司(以下简称"冶金公司")为实现降本增效,通过成本控制抢占经营高度,管理能力保持经营高度的发展策略,多措并举,实现了在建项目的降本增效。

在施工过程中,冶金公司要求每位项目管理人员都具备一专多能的素质,其中成本核算工作就是重要的内容之一。每位管理人员的核算结果将按既定核算体系汇总给项目经理,作为其制定成本控制措施的重要依据。项目经理及管理人员通过进行成本核算、数据汇总、整理,也使自己的管理水平得到大幅度提高。

与此同时,冶金公司通过专栏宣传、技能竞赛等多形式、全方位、有重点地进行"降本增效"宣传引导,向职工反复宣传"降本增效是一种责任,节约是新时期赋予的使命"理念,让职工立足岗位思考"我能为降本增效做什么,我应该从哪出发",确保全员在"降"字上下功夫、在"增"字上做文章,用实际行动助力企业降本增效。

成本在企业管理中的作用不言而喻,正确管理成本是财务人员的必备技能,让我们一起来看看管理会计中的成本是怎么界定的。

(资料来源:中国钢铁新闻网. 奏响"成本管控"新乐章 跑出"降本增效"加速度[EB/OL].[2022-05-20]. http://www.csteelnews.com/qypd/ywjx/202205/t20220520_63101.html.)

课程思政

培养社会主义核心价值观,注重公平、敬业、诚信。

知识目标

- 了解成本性态的概念、分类。

- 理解固定成本、变动成本的特征。
- 理解固定成本、变动成本的测定方法。

能力目标

- 能够简述成本性态的类型。
- 能够区分固定成本与变动成本。
- 能够使用合适的方法对混合成本进行分解。

素质目标

- 培养求真务实、严谨的职业态度。
- 建立良好的认知态度。
- 养成勤于思考的习惯。

任务1 认识成本性态

任务清单2-1 识别不同性态的成本

项目名称	内容
任务情景	甲银行在日常的经营过程中发生了如下成本：①房屋租赁费；②存款负债的利息支出；③钞币运送费；④手续费支出；⑤安全保卫费；⑥审计咨询费；⑦水电费；⑧储蓄、信贷管理人员的工资。 要求：对成本按照性态特征分类
任务目标	理解成本性态的含义、分类及各类别的特征
任务要求	根据任务情景，通过网络搜索和阅读知识锦囊，梳理并完成上述任务目标
任务实施	1. 成本性态的含义

续表

项目名称	内　　容
任务实施	2. 成本性态的分类及各类别的特征 3. 按照性态特征对任务情景中的成本进行分类
任务总结	完成了上述任务，你有哪些收获？ 1. 思政方面 2. 知识能力方面
实施人员	
任务点评	

【知识链接】请扫码查看完成任务清单 2-1 的知识锦囊。

知识锦囊 2-1

任务 2　分析成本性态

任务清单 2-2　应用账户分析法

项目名称	内容
任务情景	某生产车间的月成本表如下。 单位：元 | 项　目	变动成本	固定成本
---	---	---
原材料	12 000	
直接人工	15 000	
燃料、电力	3 000	
间接人工	3 000	
加班奖励	800	
设备折旧		7 000
行政管理费		2 500
合　计	33 800	9 500	 要求：采用账户分析法对成本进行分解
任务目标	应用账户分析法分解混合成本
任务要求	根据任务情景，通过网络搜索和阅读知识锦囊，梳理并完成上述任务目标

续表

项目名称	内容
任务实施	1. 账户分析法的原理 2. 采用账户分析法分解成本结果
任务总结	完成了上述任务,你有哪些收获? 1. 思政方面 2. 知识能力方面
实施人员	
任务点评	

【知识链接】请扫码查看完成任务清单 2-2 的知识锦囊和视频讲解。

知识锦囊 2-2

视频讲解 2-2

任务清单 2-3　应用合同确认法

项目名称	内　　容
任务情景	某公司管理部门共有 10 部电话,与电信部门签订合同,每部电话月租费 26 元,在此基础上,按每分钟 0.20 元计收通话费。管理部门电话费属于混合成本。 要求:采用合同认定法分解成本
任务目标	应用合同认定法分解混合成本
任务要求	根据任务情景,通过网络搜索和阅读知识锦囊,梳理并完成上述任务目标
任务实施	1. 合同认定法的原理 2. 采用合同认定法分解任务情景中的成本

续表

项目名称	内　　容
任务总结	完成了上述任务,你有哪些收获? 1. 思政方面 2. 知识能力方面
实施人员	
任务点评	

【知识链接】请扫码查看完成任务清单 2-3 的知识锦囊和视频讲解。

　　知识锦囊 2-3　　　视频讲解 2-3

任务清单 2-4　应用技术测定法

项目名称	内　　容
任务情景	A 公司铸造车间的燃料用于铸造工段的锅炉,具体分为点火和融化铁水两项程序。点火程序耗用木柴和焦炭,融化铁水程序耗用焦炭。按照最佳操作方法,每次点火要耗用木柴 50 千克,焦炭 1 000 千克。融化 1 000 千克铁水要耗用焦炭 90 千克。每个工作日点火 1 次。全月 20 个工作日。 要求:请用技术测定法对成本进行性态分析
任务目标	应用技术测定法分解混合成本
任务要求	根据任务情景,通过网络搜索和阅读知识锦囊,梳理并完成上述任务目标
任务实施	1. 技术测定法的原理 2. 采用技术测定法分解任务情景中的成本
任务总结	完成了上述任务,你有哪些收获? 1. 思政方面

续表

项目名称	内容
任务总结	2. 知识能力方面
实施人员	
任务点评	

【知识链接】请扫码查看完成任务清单2-4的知识锦囊和视频讲解。

知识锦囊2-4　　视频讲解2-4

任务清单2-5　应用高低点法

项目名称	内容
任务情景	甲公司7—12月的产量与成本如下。 | 月份	产量/件	成本/元
---	---	---
7	50	350
8	55	410
9	60	410
10	75	500
11	75	510
12	85	530	 要求：利用高低点法分解该项混合成本，并建立相应的成本模型
任务目标	应用高低点法分解混合成本
任务要求	根据任务情景，通过网络搜索和阅读知识锦囊，梳理并完成上述任务目标

续表

项目名称	内　　容
任务实施	1. 高低点法的原理 2. 采用高低点法分解任务情景中的成本
任务总结	完成了上述任务,你有哪些收获? 1. 思政方面 2. 知识能力方面
实施人员	
任务点评	

【知识链接】请扫码查看完成任务清单2-5的知识锦囊和视频讲解。

知识锦囊2-5

视频讲解2-5

任务清单2-6　应用回归直线法

项目名称	内　　容
任务情景	已知某企业2023年1—6月A产品产量和相关总成本资料如下。 | 月份	产量/千件	总成本/万元
---	---	---
1	6	150
2	5	130
3	7	180
4	8	200
5	10	240
6	9	245	 要求：应用回归直线法进行成本性态分析
任务目标	应用回归直线法分解混合成本
任务要求	根据任务情景，通过网络搜索和阅读知识锦囊，梳理并完成上述任务目标
任务实施	1. 回归直线法的原理

续表

项目名称	内　容
任务实施	2. 采用回归直线法分解任务情景中的成本
任务总结	完成了上述任务，你有哪些收获？ 1. 思政方面 2. 知识能力方面
实施人员	
任务点评	

【知识链接】请扫码查看完成任务清单 2-6 的知识锦囊。

知识锦囊 2-6

虚增成本做假账 资金回流现原形

百亿资产、商业帝国、建筑、房地产、偷税、虚开……一场新闻发布会通报了以刘某为首的海南某投资公司的基本情况及违法问题。

海南某投资公司是一家成立于2001年的房地产开发企业,注册地址在洋浦,生产经营地址在海口,经营范围包括房地产开发经营、工程项目策划、企业管理策划、投资融资的策划与咨询服务农业开发、房屋租赁。这家公司自成立以来开发了SYT二期、四期和TC酒店三个项目,其中SYT二期项目占地面积32 135.96平方米,已进入土地增值税清算程序;其他两个项目或未取得预售许可证,或在建设中。

为控制建安成本,海南某投资公司的实际控制人刘某以挂靠的方式建设SYT二期项目。由其妻舅张某组织施工队承建主体工程和水电安装工程,并将项目的六栋楼分别挂靠在中国某建设公司海南分公司和重庆某建设公司名下,以便取得建安发票。

两家施工单位均在海口专门开设银行账户,用于SYT二期项目的工程款结算。但是账户实际控制在刘某手中,收付款都要听从他的指令。也就是说,SYT二期项目的开发商及施工方都被刘某控制,这家公司支付给两家施工单位的工程款,并不是项目真实的支出,只是配合开具建安发票形成的资金流。这家公司支付给两家施工单位的工程款,最终又回流至刘某控制的8家关联公司,SYT二期项目的工程款回流比例分别高达86.05%和98.98%,取得虚开的建安发票4 868.90万元,虚增建安成本6 717.82万元,SYT二期项目还存在预售收入1 817.91万元未按规定计算预计毛利额进行纳税申报,已实现收入2.42亿元未按规定做完工结转,伪造工资表虚增工程部人员工资435.08万元,虚假列支期间费用410.08万元等问题。

稽查部门依法对该公司偷逃企业所得税行为追缴税款1 650.27万元,加收相应滞纳金,并处罚款358.05万元,将其虚开发票行为移送公安机关追究刑事责任。

项 目 小 结

1. 成本性态表明了成本总额和产销业务量之间的依存关系,是管理会计中成本分类的基本依据,也是变动成本法、本量利分析及预测、决策、全面预算管理等的重要基础。

2. 成本按其性态分为固定成本、变动成本和混合成本。其总额在一定时期和一定业务量范围内,不受业务量增减变动的影响,而保持不变的成本,称为固定成本。其总额随业务量的增减变动成正比例变动的成本称为变动成本。在实际业务中,有些成本项目皆有变动成本和固定成本两种不同的特性,这类成本称为混合成本。

3. 成本性态分析中混合成本必须分解为固定成本和变动成本,分解的方法有账户分析法、合同认定法、技术测定法、高低点法和回归直线法。

能力训练

一、单项选择题

1. 阶梯式混合成本又可称为（　　）。
   A. 半固定成本　　　　　　　　B. 半变动成本
   C. 延期变动成本　　　　　　　D. 曲线式成本
2. 将全部成本分为固定成本、变动成本和混合成本所采用的分类标志是（　　）。
   A. 成本的目标　　　　　　　　B. 成本的可辨认性
   C. 成本的经济用途　　　　　　D. 成本的性态
3. 在历史资料分析法的具体应用方法中，计算结果最为精确的方法是（　　）。
   A. 高低点法　　　　　　　　　B. 散布图法
   C. 回归直线法　　　　　　　　D. 直接分析法
4. 为排除业务量因素的影响，在管理会计中，反映变动成本水平的指标一般是指（　　）。
   A. 变动成本总额　　　　　　　B. 单位变动成本
   C. 变动成本的总额与单位额　　D. 变动成本率
5. 某企业在进行成本形态分析时，需要对混合成本进行分解，据此可以断定该企业应用的是（　　）。
   A. 高低点法　　　　　　　　　B. 回归直线法
   C. 多步分析程序　　　　　　　D. 同步分析程序
6. 在应用高低点法进行成本性态分析时，选择高点坐标的依据是（　　）。
   A. 最高的业务量　　　　　　　B. 最高的成本
   C. 最高的业务量和最高的成本　D. 最高的业务量或最高的成本

二、多项选择题

1. 下列各项中，一般应纳入变动成本的有（　　）。
   A. 直接材料　　　　　　　　　B. 职工的工资
   C. 单独核算的包装物成本　　　D. 按产量法计提的折旧
   E. 临时发生的职工培训费
2. 固定成本具有的特征是（　　）。
   A. 固定成本总额的不变性　　　B. 单位固定成本的反比例变动性
   C. 固定成本总额的正比例变动性　D. 单位固定成本的不变性
   E. 固定成本总额变动性
3. 变动成本具有的特征是（　　）。
   A. 变动成本总额的不变性　　　B. 单位变动成本的反比例变动性
   C. 单位变动成本的不变性　　　D. 变动成本总额的正比例变动性

E. 单位变动成本的不变性

4. 在相关范围内保持不变的有（　　）。
   A. 变动成本总额　　　　　　B. 单位变动成本
   C. 固定成本总额　　　　　　D. 单位固定成本
   E. 总成本

5. 成本性态分析最终将全部成本区分为（　　）。
   A. 固定成本　　　　　　　　B. 变动成本
   C. 混合成本　　　　　　　　D. 半变动成本
   E. 半固定成本

6. 成本性态分析的方法有（　　）。
   A. 直接分析法　　　　　　　B. 历史资料分析法
   C. 高低点法　　　　　　　　D. 散布图法
   E. 技术测定法

7. 在我国,下列成本项目中属于固定成本的是（　　）。
   A. 按平均年限法计提的折旧费　　B. 保险费
   C. 广告费　　　　　　　　　　D. 生产工人工资
   E. 材料费

8. 以下属于半变动成本的有（　　）。
   A. 电话费　　　　　　　　　B. 煤气费
   C. 水电费　　　　　　　　　D. 折旧费
   E. 工资费

三、计算题

1. 某企业生产的甲产品 7—12 月的产量及成本资料如下表所示。

月　份	7	8	9	10	11	12
产量/件	40	42	45	43	46	50
总成本/元	8 800	9 100	9 600	9 300	9 800	10 500

要求：①采用高低点法进行成本性态分析；②采用回归直线法进行成本性态分析。

2. 某企业生产的甲产品 1—8 月的产量及成本资料如下表所示。

月　份	1	2	3	4	5	6	7	8
产量/件	18	20	19	16	22	25	28	21
总成本/元	6 000	6 600	6 500	5 200	7 000	7 900	8 200	6 800

要求：①采用高低点法进行成本性态分析；②采用回归直线法进行成本性态分析。

项目工作成果评价

评价指标		权重	评价等级及分值			得分		
			A(3分)	C(2分)	D(1分)	自评	互评	师评
项目工作完成态度		20%	态度非常积极,能主动参与或组织活动	具备基本的工作态度,能参与活动	没有具备基本的工作态度,有时不能参与活动			
			与小组同学合作良好	基本能与小组同学合作	与小组同学合作不太好			
			认真、善始善终完成项目	还算认真,基本能善始善终完成项目	随便,有时不能善始善终完成项目			
			能主动查阅全部相关资料	能查阅一些相关资料	偶尔能查阅一些相关资料			
专业能力	认识成本性态	30%	熟练识别不同性态的成本	基本能够识别不同性态的成本	能够部分识别不同性态的成本			
	分析成本性态	40%	熟练正确应用账户分析法分析混合成本	基本能够应用账户分析法分析混合成本	能够部分应用账户分析法分析混合成本			
			熟练正确应用合同确认法分析混合成本	基本能够应用合同确认法分析混合成本	能够部分应用合同确认法分析混合成本			
			熟练正确应用技术测定法分析混合成本	基本能够应用技术测定法分析混合成本	能够部分应用技术测定法分析混合成本			
			熟练正确应用高低点法分析混合成本	基本能够应用高低点法分析混合成本	能够部分应用高低点法分析混合成本			
			熟练正确应用回归直线法分析混合成本	基本能够应用回归直线法分析混合成本	能够部分应用回归直线法分析混合成本			
	职业道德思想意识	10%	完全做到爱岗敬业、严谨认真	基本能做到爱岗敬业、严谨认真	部分做到爱岗敬业、严谨认真			
			完全做到遵守职业道德	基本做到遵守职业道德	部分做到遵守职业道德			
小 计								
本项目成绩(平均分)								

项目3 变动成本法

情景引例

2023年3月18日,甲集团财务经理分析下属两家企业财务状况时,颇感困惑。A企业2021年产销不景气,库存大量积压,贷款不断增加,资金频频告急,2022年该厂对此积极努力,一方面适当生产,另一方面则广开渠道,扩大销售,减少库存,但报表上反映的利润2022年却比2021年下降。B企业情况则相反,2022年市场不景气,销售量比2021年下降,但年度财务决算报表上几项经济指标除资金外都比2021年好。两家企业的业务数据如下。

A企业利润表

项 目	2021年	2022年
销售收入/元	1 855 000	2 597 000
减:销售成本/元	1 272 000	2 234 162
销售费用/元	85 000	108 000
净利润/元	498 000	254 838
库存材料		
在产品		
期初存货数/瓶	16 000	35 000
本期生产数/瓶	72 000	50 400
本期销售数/瓶	53 000	74 200
期末存货数/瓶	35 000	11 200
期末在产品		
单位售价/元	35	35
单位成本/元	24	30.11
其中		
原材料/元	7	7
工资/元	4	5.71
燃料和动力/元	3	3
制造费用/元	10	14.40

A 企业工资和制造费用每年分别为 288 000 元和 720 000 元，销售成本采用先进先出法。A 企业在分析其利润下降原因时，认为这是生产能力没有充分利用、工资和制造费用等固定费用未能得到充分摊销所致。

B 企业利润表

项　　目	2021 年	2022 年
销售收入/元	1 200 000	1 100 000
减：销售成本/元	1 080 000	964 700
销售费用/元	30 000	30 000
净利润/元	90 000	105 300
库存材料		
在产品		
期初存货数/瓶	100	100
本期生产数/瓶	12 000	13 000
本期销售数/瓶	12 000	11 000
期末存货数/瓶	100	2 100
期末在产品		
单位售价/元	100	100
单位成本/元	90	87.70
其中		
原材料/元	50	50
工资/元	15	13.85
燃料和动力/元	10	10
制造费用/元	15	13.85

工资和制造费用两年均约为 180 000 元，销售成本也采用先进先出法。B 企业在分析其利润上升的原因时，认为这是在市场不景气的情况下，为多交利润、保证国家利润不受影响，全厂职工一条心，充分利用现有生产能力，增产节支的结果。

问题：

1. A 企业和 B 企业的分析结论正确吗？为什么？
2. 如果你是集团财务经理，可以得出什么结论？

查看解析

课程思政

- 一切从实际出发,理论联系实际。
- 正确对待矛盾。

知识目标

- 了解变动成本法、边际贡献的概念。
- 理解变动成本法与全部成本法在成本管理上的区别。
- 理解变动成本法的优点和局限性。

能力目标

- 能够运用变动成本法、边际贡献对企业成本进行分析。
- 能够辨别变动成本法和全部成本法对成本核算和成本分析的影响。

素质目标

- 建立良好的认知态度。
- 养成勤于思考的习惯。
- 形成良好的成本管理意识。

任务 1　认识变动成本法和全部成本法

任务清单 3-1　认识变动成本法、全部成本法和边际贡献

项目名称	内容
任务情景	本项目的情景引例中,甲集团财务经理的困扰主要是不同成本计算方法导致的,成本计算方法有哪些
任务目标	认知认识变动成本法、全部成本法和边际贡献
任务要求	根据任务情景,通过网络搜索和阅读知识锦囊,完成上述任务目标
任务实施	1. 变动成本法

续表

项目名称	内　　容
任务实施	2. 全部成本法 3. 边际贡献
任务总结	完成了上述任务，你有哪些收获？ 1. 思政方面

续表

项目名称	内　　容
任务总结	2. 知识能力方面
实施人员	
任务点评	

【知识链接】请扫码查看完成任务清单3-1的知识锦囊。

知识锦囊 3-1

任务2　应用变动成本法和全部成本法

任务清单 3-2　应用变动成本法和全部成本法计算成本

项目名称	内　　容
任务情景	甲企业本月发生的主要经济业务如下。 本月投产100件产品,领用原材料10 000元;生产工人工资10 000元;生产车间支付水电费7 000元;本月计提固定资产折旧费9 000元;支付固定管理费用1 000元,固定销售费用1 000元。本月完工入库产成品80件,期末在产的产品20件,完工程度50%。本月对外销售产品50件,单位售价800元。(假设期初存货为0) 要求:分别用变动成本法和全部成本法计算税前利润并编制利润表
任务目标	能够应用变动成本法和全部成本法计算税前利润,并编制利润表
任务要求	根据任务情景,通过网络搜索和阅读知识锦囊,完成上述任务目标

续表

项目名称	内　容
任务实施	1. 应用变动成本法计算税前利润,并编制利润表
	2. 应用全部成本法计算税前利润,并编制利润表

续表

项目名称	内　　容
任务总结	完成了上述任务，你有哪些收获？ 1. 思政方面 2. 知识能力方面
实施人员	
任务点评	

【知识链接】请扫码查看完成任务清单 3-2 的知识锦囊和视频讲解。

知识锦囊 3-2

视频讲解 3-2

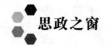

佳电股份——延迟结转成本和费用

哈尔滨电气集团佳木斯电机股份有限公司(简称"佳电股份")是一家深交所上市公司,经营范围为电机、屏蔽电泵、局部扇风机制造与维修,电机、防爆电气技术开发等,于1999年上市。2017年4月6日,佳电股份收到证监会送达的调查通知书(稽查总队调查通字171039号),因公司涉嫌信息披露违法违规,证监会决定对其立案调查。2017年12月8日,佳电股份收到证监会下发的行政处罚决定书(〔2017〕97号),调查结果显示,佳电股份通过少结转主营业务成本、少计销售费用等方式,在2013年和2014年分别虚增利润1.58亿元、0.40亿元。2015年,佳电股份将前期调节的利润从2015年1月开始逐月分期消化,直至全部转回,恢复真实的财务状况。

佳电股份财务造假的链条是:通过延迟结转成本和费用的方式调整当年利润,一是将本应结转至主营业务成本的金额少结转,保留在存货中,未来年度通过多结转成本和计提存货减值准备的方式消化虚增的存货,二是将销售费用中的部分代理费和网点兑现费延期入账。

2013年度,佳电股份通过少结转产成品到主营业务成本1.27亿元,将当年度费用0.21亿元延迟到2014年度入账,将当年度费用0.10亿元延迟到2015年度入账,累计调增利润总额1.58亿元。2014年度,佳电股份通过与2013年同样的方式,少结转产成品到主营业务成本0.28亿元,将当年度费用0.33亿元延迟到2015年度入账,将应计入2013年度费用0.21亿元计入当年度,累计调增利润总额0.40亿元。

2015年度,为了消化前两个会计年度因为少结转成本而虚增的存货共1.55亿元(即前两个会计年度少结转的成本之和),佳电股份多结转产成品到主营业务成本1.11亿元,多计提存货减值损失0.44亿元(计提存货减值损失的会计分录如下所示)。此外,将应计入2013年度费用0.10亿元计入当年,将应计入2014年度费用0.33亿元计入当年,累计调减利润总额1.98亿元。

(资料来源:和讯名家.佳电股份——延迟结转成本和费用[EB/OL].[2011-10-22].https://m.hexun.com/hz/qtt/2019-10-22/198956194.html.)

项目小结

1. 变动成本法是和全部成本法不同的成本计算方法,两种成本计算方法的根本区别在于对固定制造费用的处理方法不同。变动成本法计算的产品成本只包括直接材料、直接人工和变动制造费用,不包括固定制造费用。

2. 在变动成本法下,边际贡献、边际贡献率等是非常重要的概念,其数值也是进行预测和决策的重要依据。

3. 变动成本法和全部成本法在产品成本构成、存货估价、盈亏计算程序等方面存在区别。

4. 变动成本法具有简化成本计算、利于预测和决策等优点，但也存在不符合传统成本概念和不利于长期决策等局限性。

能力训练

一、单项选择题

1. 在变动成本法中，产品成本是指（　　）。
   A. 制造费用　　　　　　　　　　B. 生产成本
   C. 变动生产成本　　　　　　　　D. 变动成本

2. 在变动成本法下，销售收入减去变动成本等于（　　）。
   A. 销售毛利　　　　　　　　　　B. 税后利润
   C. 税前利润　　　　　　　　　　D. 贡献边际

3. 如果本期销售量比上期增加，则可断定按变动成本法计算的本期营业利润（　　）。
   A. 本期一定等于上期　　　　　　B. 本期应当大于上期
   C. 本期应当小于上期　　　　　　D. 本期可能等于上期

4. 如果完全成本法期末存货吸收的固定制造费用大于期初存货释放的固定制造费用，则营业利润的差额（　　）。
   A. 一定等于零　　　　　　　　　B. 可能等于零
   C. 一定大于零　　　　　　　　　D. 一定小于零

5. 在变动成本法下，固定制造费用应当列作（　　）。
   A. 非生产成本　　　　　　　　　B. 期间成本
   C. 产品成本　　　　　　　　　　D. 直接成本

6. 下列项目中，不能列入变动成本法下产品成本的是（　　）。
   A. 直接材料　　　　　　　　　　B. 直接人工
   C. 变动制造费用　　　　　　　　D. 固定制造费用

7. 已知2022年某企业按变动成本法计算的营业利润为13 500元，假定2023年销量与2022年相同，产品单价及成本水平都不变，但产量有所提高。则该年按变动成本法计算的营业利润（　　）。
   A. 必然大于13 500元　　　　　　B. 必然等于13 500元
   C. 必然小于13 500元　　　　　　D. 可能等于13 500元

8. 如果某企业连续三年按变动成本法计算的营业利润分别为10 000元、12 000元和11 000元，则下列表述中唯一正确的是（　　）。
   A. 第三年的销量最小　　　　　　B. 第二年的销量最大
   C. 第一年的产量比第二年少　　　D. 第二年的产量比第三年多

9. 从数额上看，广义营业利润差额应当等于按完全成本法计算的（　　）。
   A. 期末存货成本与期初存货成本中的固定生产成本之差
   B. 期末与期初的存货量之差

C. 利润超过按变动成本法计算的利润的部分

D. 生产成本与销货成本之差

10. 如果某期按变动成本法计算的营业利润为 5 000 元,该期产量为 2 000 件,销售量为 1 000 件,期初存货为零,固定制造费用总额为 2 000 元,则按完全成本法计算的营业利润为( )元。

    A. 0   B. 1 000

    C. 5 000   D. 6 000

11. 如果完全成本法的期末存货成本比期初存货成本多 10 000 元,而变动成本法的期末存货成本比期初存货成本多 4 000 元,则可断定两种成本法的营业利润之差为( )元。

    A. 14 000   B. 10 000

    C. 6 000   D. 4 000

12. 变动成本法的局限性是( )。

    A. 导致企业盲目生产   B. 不利于成本控制

    C. 不利于短期决策   D. 不符合传统的成本观念

13. 用变动成本法计算产品成本时,对固定制造费用的处理时( )。

    A. 不将其作为费用

    B. 将其作为期间费用,全额列入利润表

    C. 将其作为期间费用,部分列入利润表

    D. 在每单位产品间分摊

二、多项选择题

1. 在完全成本法下,期间费用包括( )。

    A. 制造费用   B. 变动制造费用

    C. 固定制造费用   D. 推销成本

    E. 管理费用

2. 变动成本法下期间成本包括( )。

    A. 管理费用   B. 销售费用

    C. 制造费用   D. 固定生产成本

    E. 非生产成本

3. 变动成本法与完全成本法的区别表现在( )。

    A. 产品成本的构成内容不同   B. 存货成本水平不同

    C. 损益确定程序不同   D. 编制的损益表格式不同

    E. 计算出的营业利润不同

4. 成本按习性进行分类,变动成本包括( )。

    A. 变动生产成本   B. 直接材料

    C. 变动制造费用   D. 变动推销及管理费用

    E. 制造费用

5. 在变动成本法下,确定销售产品变动成本主要依据(　　)进行计算。
   A. 销售产品变动生产成本　　　　　B. 期末存货成本
   C. 期初存货成本　　　　　　　　　D. 销售收入总额
   E. 销售产品变动推销及管理费用
6. 根据成本按习性分类,(　　)不随产量的变化而变化。
   A. 固定制造费用总额　　　　　　　B. 单位变动成本
   C. 单位销售成本　　　　　　　　　D. 单位固定制造费用
   E. 变动生产成本总额
7. 如果两种方法营业利润差额不等于零,则完全成本法期末存货吸收的固定制造费用与期初存货释放的固定制造费用的数量关系可能是(　　)。
   A. 前者等于后者　　　　　　　　　B. 前者大于后者
   C. 前者小于后者　　　　　　　　　D. 两者为零
   E. 两者不为零
8. 在管理会计中,变动成本法也可称为(　　)。
   A. 直接成本法　　　　　　　　　　B. 边际成本法
   C. 吸收成本法　　　　　　　　　　D. 制造成本法
   E. 完全成本法
9. 下列各项中,不可能导致狭义营业利润差额发生的因素包括(　　)。
   A. 单价　　　　　　　　　　　　　B. 销售量
   C. 变动生产成本　　　　　　　　　D. 推销成本
   E. 管理成本
10. 完全成本法计入当期利润表的期间成本包括(　　)。
    A. 固定制造费用　　　　　　　　　B. 变动制造费用
    C. 固定销售和管理费用　　　　　　D. 变动销售和管理费用
    E. 制造费用

三、计算题

1. 某企业本期有关成本资料如下:单位直接材料成本为10元,单位直接人工成本为5元,单位变动制造费用为7元,固定制造费用总额为4 000元,单位变动销售管理费用为4元,固定销售管理费用为1 000元。期初存货量为零,本期产量为1 000件,销量为600件,单位售价为40元。
   要求:分别按两种成本法的有关公式计算单位产品成本、期间成本、销货成本和营业利润。

2. 某厂只生产一种产品,第一年、第二年的产量分别为30 000件和24 000件,销售量分别为20 000件和30 000件;存货计价采用先进先出法。产品单价为15元/件,单位变动生产成本为5元/件;每年固定制造费用的发生额为180 000元。销售及管理费用都是固定性的,每年发生额为25 000元。
   要求:分别采用两种成本法确定第一年和第二年的营业利润,并编制利润表。

3. 某厂生产甲产品，产品单价为 10 元，单位产品变动生产成本为 4 元，固定制造费用总额为 24 000 元，销售及管理费用为 6 000 元，全部是固定性的，存货计价采用先进先出法，最近三年的产销量资料如下。

最近三年的产销量资料　　　　　　　　　　　　　单位：件

项　　目	第一年	第二年	第三年
期初存货量	0	0	2 000
本期生产量	6 000	8 000	4 000
本期销售量	6 000	6 000	6 000
期末存货量	0	2 000	0

要求：

(1) 分别按两种成本法计算单位产品成本。

(2) 分别按两种成本法计算期末存货成本。

(3) 分别按两种成本法计算期初存货成本。

(4) 分别按两种成本法计算各年营业利润，并编制利润表。

训练笔记

项目工作成果评价

评价指标		权重	评价等级及分值			得分		
			A(3分)	C(2分)	D(1分)	自评	互评	师评
项目工作完成态度		20%	态度非常积极,能主动参与或组织活动	具备基本的工作态度,能参与活动	没有具备基本的工作态度,有时不能参与活动			
			与小组同学合作良好	基本能与小组同学合作	与小组同学合作不太好			
			认真、善始善终完成项目	还算认真,基本能善始善终完成项目	随便,有时不能善始善终完成项目			
			能主动查阅全部相关资料	能查阅一些相关资料	偶尔能查阅一些相关资料			
专业能力	认识变动成本法、边际贡献和全部成本法	20%	熟练正确理解变动成本法、边际贡献和全部成本法的内容	基本能够正确理解变动成本法、边际贡献和全部成本法的内容	能够部分理解变动成本法、边际贡献和全部成本法的内容			
	应用变动成本法和全部成本法计算成本	40%	熟练正确应用变动成本法和全部成本法进行成本计算	基本能够正确应用变动成本法和全部成本法进行成本计算	能够部分应用变动成本法和全部成本法进行成本计算			
	职业道德思想意识	20%	完全做到遵守职业道德	基本做到遵守职业道德	能够部分做到诚遵守职业道德			
小 计								
本项目成绩(平均分)								

本量利分析

项目4
Xiangmu 4

情景引例

在炎炎夏日,很多人都喜欢在街边买一杯冰凉的饮料来解渴,那么摆摊卖饮料的利润到底有多大呢?其实,这要看销售什么饮料,进货成本是多少,销售价格是多少,以及销量如何。下面就来分析两种常见的饮料摊的利润情况。

1. 包装饮料

包装饮料是最简单也最常见的一种饮料摊,即超市或批发市场销售一些瓶装或罐装的饮料,这种饮料摊只需要在摊位上放一个冰箱或冰桶,让顾客自己挑选。这种饮料摊的优点是不用现场制作饮料,省时省力,而且品种多样,可以满足不同顾客的口味需求。缺点也很明显,就是利润空间很小,因为包装饮料的进货价和零售价差不多,而且要考虑电费、冰块费、租金等成本。一般来说,包装饮料的利润率在18%左右,也就是说,卖一瓶3元的饮料,只能赚0.54元。如果一天能卖100瓶,那么利润就是54元。当然,如果能找到更便宜的进货渠道,或者提高销售价格,那么利润就会增加。

2. 现榨果汁

现榨果汁是比较健康也比较受欢迎的一种饮料摊,即用新鲜水果现场榨汁并销售给顾客。这种饮料摊的优点是饮料口感好、营养丰富,而且可以根据季节和市场变换水果种类,比较受顾客欢迎。缺点则是成本高,水果价格不稳定,而且要考虑榨汁机、杯子、吸管等器具的费用。一般来说,现榨果汁的利润率在30%左右,也就是说,卖一杯10元的果汁,只能赚3元。如果一天能卖100杯,那么利润就是300元。当然,如果能找到更便宜的水果供应商,或者提高销售价格,那么利润就会增加。

内容导读

课程思政

- 形成理性、有规划的创新创业意识。
- 培养诚实守信的价值观。

知识目标

- 理解本量利分析的含义、基本模型和指标。
- 理解保本分析和保利分析的计算原理。
- 理解本量利分析中各因素对利润的影响。
- 理解经营安全程度评价指标的计算原理。

能力目标

- 能够对企业进行保本分析和保利分析。
- 能够利用本量利分析相关知识评价企业经营安全程度。

素质目标

- 培养遵守职业道德的职业精神。
- 培养将理论应用于实践的能力。
- 培养严谨细致的工作态度。

任务 1　认识本量利分析

任务清单 4-1　认识本量利

项目名称	内　　容
任务情景	企业的经营活动总是围绕着成本、销售量、利润等要素展开,本量利分析是企业管理会计工作的重要内容。本量利分析最初在美国的通用电气、杜邦、通用汽车公司应用,很快就成了大型工商企业的标准作业程序,从最初的计划、协调,发展到兼具控制、激励、评价等功能
任务目标	认知本量利概念、基本模型、基本指标
任务要求	根据任务情景,通过网络搜索和阅读知识锦囊,梳理并完成上述任务目标
任务实施	1. 本量利分析的含义

续表

项目名称	内容
任务实施	2. 本量利分析的基本模型 3. 本量利分析的基本指标
任务总结	完成了上述任务，你有哪些收获？ 1. 思政方面

续表

项目名称	内　容
任务总结	2. 知识能力方面
实施人员	
任务点评	

【知识链接】请扫码查看完成任务清单 4-1 的知识锦囊。

知识锦囊 4-1

任务2　分析保本点

任务清单 4-2　分析单一产品保本点

项目名称	内　容
任务情景	某公司只生产和销售一种产品,单位产品售价 1 000 元,单位变动成本 500 元,年固定成本总额为 1 000 000 元,求盈亏平衡点的销售量和销售额
任务目标	掌握单一产品保本分析的应用
任务要求	根据任务情景,通过网络搜索和阅读知识锦囊,梳理并完成上述任务目标
任务实施	1. 盈亏平衡点的销售量

续表

项目名称	内 容
任务实施	2. 盈亏平衡点的销售额
任务总结	完成了上述任务，你有哪些收获？ 1. 思政方面 2. 知识能力方面
实施人员	
任务点评	

【知识链接】请扫码查看完成任务清单 4-2 的知识锦囊和视频讲解。

知识锦囊 4-2　　视频讲解 4-2

任务清单 4-3　分析多品种产品保本点

项目名称	内　　容
任务情景	1. A 企业计划期内生产和销售甲、乙、丙三种产品,固定成本为 21 000 元,预计销售量、单位变动成本及单位售价资料如表所示。 	产品	单价/元	销量/个	单位变动成本/元	 |---|---|---|---|
甲	20	2 500	10
乙	10	3 000	6
丙	16	1 250	12 | 要求:使用综合贡献毛益率法计算保本点。 2. 企业计划期内生产和销售甲、乙、丙三种产品,固定成本为 245 万元,预计销售量、单位变动成本及单位售价资料如表所示。 | 产品	单价/元	销量/个	单位变动成本/元 | |---|---|---|---|
甲	20	3 000	12
乙	25	2 000	14
丙	10	1 500	8	 要求:使用联合单位法计算保本点
任务目标	掌握多品种产品保本分析的应用
任务要求	根据任务情景,通过网络搜索和阅读知识锦囊,梳理并完成上述任务目标
任务实施	1. 使用综合贡献毛益率法计算保本点

续表

项目名称	内容
任务实施	2. 使用联合单位法计算保本点
任务总结	完成了上述任务,你有哪些收获? 1. 思政方面 2. 知识能力方面
实施人员	
任务点评	

【知识链接】请扫码查看完成任务清单 4-3 的知识锦囊和视频讲解。

知识锦囊 4-3

视频讲解 4-3

任务3 分析保利点

任务清单 4-4 分析保利点

项目名称	内　容
任务情景	1. 某公司产销甲产品,单位售价 80 元,单位变动成本 50 元,年固定成本总额 90 000 元,计划年度的目标利润是 45 000 元,求甲产品的保利销售量和保利销售额分别是多少? 2. 某企业计划期内生产和销售甲、乙、丙三种产品,固定成本为 64 000 元,目标利润 60 000 元,预计销售量、单位变动成本、单位边际贡献及单位售价资料如表所示。 | 产品	销售量/个	单位变动成本/元	单位边际贡献/元	销售单价/元 | |---|---|---|---|---| | 甲 | 5 600 | 20 | 5 | 25 | | 乙 | 4 200 | 14 | 6 | 20 | | 丙 | 2 800 | 8 | 12 | 20 | 求解该企业的保利点
任务目标	对产品进行保利分析
任务要求	根据任务情景,通过网络搜索和阅读知识锦囊,梳理并完成上述任务目标
任务实施	1. 产品的保利销售量和保利销售额计算 (1) 保利销售量 (2) 保利销售额

续表

项目名称	内　　容
任务实施	2. 企业的保利点计算 （1）各产品的边际贡献率 （2）各种产品的销售比重 （3）综合边际贡献率 （4）保利销售额
任务总结	完成了上述任务，你有哪些收获？ 1. 思政方面

续表

项目名称	内　　容
任务总结	2. 知识能力方面
实施人员	
任务点评	

【知识链接】请扫码查看完成任务清单 4-4 的知识锦囊和视频讲解。

知识锦囊 4-4

视频讲解 4-4

任务4　分析利润敏感性

任务清单 4-5　分析利润敏感性

项目名称	内　　容
任务情景	某企业产销一种产品,销售单价为 75 元,单位变动成本为 45 元,全年固定成本为 20 000 元,计划销售量为 1 000 件,目标利润为 10 000 元。 要求:分析利润对其各影响因素的敏感系数
任务目标	对利润进行敏感性分析
任务要求	根据任务情景,通过网络搜索和阅读知识锦囊,梳理并完成上述任务目标
任务实施	1. 利润对单价的敏感系数

续表

项目名称	内 容
任务实施	2. 利润对单位变动成本的敏感系数 3. 利润对固定成本的敏感系数 4. 利润对销售量的敏感系数

续表

项目名称	内容
任务总结	完成了上述任务,你有哪些收获? 1. 思政方面 2. 知识能力方面
实施人员	
任务点评	

【知识链接】请扫码查看完成任务清单 4-5 的知识锦囊和视频讲解。

知识锦囊 4-5

视频讲解 4-5

任务5 绘制本量利关系图

任务清单 4-6 绘制本量利关系图

项目名称	内容
任务情景	进行本量利分析时,不仅可以使用公式计算,也可以使用图示的方法直观地显示出各因素之间的关系及变化趋势。你知道哪些绘制本量利关系图的方法

续表

项目名称	内容
任务目标	绘制本量利关系图
任务要求	根据任务情景和前期学习积累,通过网络搜索和阅读知识锦囊,总结本量利关系图的绘制方法
任务实施	1. 方法一 2. 方法二 3. 方法三
任务总结	完成了上述任务,你有哪些收获? 1. 思政方面

续表

项目名称	内　　容
任务总结	2. 知识能力方面
实施人员	
任务点评	

【知识链接】请扫码查看完成任务清单 4-6 的知识锦囊和视频讲解。

知识锦囊 4-6

视频讲解 4-6

任务6　评价经营安全程度

任务清单 4-7　评价经营安全程度

项目名称	内　　容
任务情景	1. 某企业生产和销售甲产品，单位产品售价 80 元，单位变动成本 30 元，固定成本总额 150 万元，计划期预计销售量为 75 000 件。试计算甲产品的安全边际、安全边际率，并分析该企业的经营安全程度。 2. 某企业生产和销售乙产品，单位产品售价 10 元，单位变动成本 6 元，固定成本总额 22 000 元，计划期预计销售量为 10 000 件。预计下期的单价、单位变动成本、固定成本均不变，销售量可达到 15 000 件。试计算乙产品本期及下期的安全边际、安全边际率和保本作业率，并分析该企业的经营安全程度
任务目标	掌握正确评价企业的经营安全程度的方法
任务要求	根据任务情景，通过网络搜索和阅读知识锦囊，梳理并完成上述任务目标

续表

项目名称	内　容
任务实施	1. 计算甲产品的安全边际、安全边际率,并分析企业的经营安全程度 2. 计算乙产品本期及下期的安全边际、安全边际率和保本作业率,并分析企业的经营安全程度

续表

项目名称	内　　容
任务总结	完成了上述任务,你有哪些收获? 1. 思政方面 2. 知识能力方面
实施人员	
任务点评	

【知识链接】请扫码查看完成任务清单 4-7 的知识锦囊和视频讲解。

知识锦囊 4-7

视频讲解 4-7

 思政之窗

华为以创新降本增效

2023年,华为举行产品与解决方案创新实践发布会,面向数据通信领域发布产业数字化网络解决方案的创新实践,旨在通过分享领先运营商在该领域的最新创新与实践,为业界提供从互联网服务提供商向管理服务提供商转型的成功经验,助力运营商抓住数字化转型新机会,激发新增长。2023年2月,华为发布产业数字化网络解决方案和产品后,得到全球多个运营商响应,纷纷开展基础承载网络升级,提升IP专线的品质保障及自动化能力,实现了B2B业务收入快速增长,在企业客户体验得到大幅提升的同时降低了服务成本。对此,华为详细分享了其中专线+Managed Security、专线+Managed LAN、IP专线升级三个创新实践。

1. 专线+Managed Security

传统安全服务通过安全产品加驻场服务,设备种类繁多,安全专业人员缺乏,导致服务成本高,大量中小企业无法承担。华为联合中国电信通过创新的云边结合安全解决方案,大幅降低服务成本,为企业专线提供普惠安全管理服务,实现在存量IP专线基础上叠加销售安全服务,ARPU值增加约20%,专线安全管理服务市场快速上量。

2. 专线+Managed LAN

企业园区网络无线化,网络管理由静态变为动态,中小企业普遍缺乏这方面的能力,急需优质优价的管理服务。华为支持上海移动通过基于云管理的LAN/WLAN网络,快速把服务业务销售从传统专线延伸到园区网络,半年新增收入数百万美元,同时相对于传统园区网络产品转售模式,服务成本降低约30%。

3. IP专线升级

千行百业的上云应用从办公系统走向生产系统,对IP专线提出更高质量的保障要求。华为与河北联通联合创新,通过SRv6、网络切片、网络数字地图等技术升级网络能力,基于IPv6+智能城域网络,面向多个行业提供智能精品网产品,从普通专线升级到切片专线,产品竞争力和ARPU均获得提升,一张切片网络满足原来需要建设多张专用网络的需求,TCO大幅降低,业务开通周期缩短90%以上。

华为产业数字化网络解决方案携手运营商提供面向中小企业的创新数字化转型方案,助力运营商B2B市场收入快速增长,同时加速千行百业的数字化转型,促进社会经济发展。

(资料来源:华为发布产业数字化网络创新实践,激发运营商B2B业务新增长[EB/OL].[2023-06-29]. https://www.huawei.com/cn/news/2023/6/ip-managed-network.)

项目小结

1. 本量利分析是研究企业在一定期间内的成本、业务量和利润之间关系的一种定量分析方法,是企业进行预测、决策、利润规划和成本控制等的基本方法。

2. 本量利分析的模型有代数模型和几何模型两种。

3. 相关范围内业务量是影响利润的唯一变量。利润是业务量的线性函数。本量利分析可用于企业的保本分析、利润预测分析、经营安全程度分析等方面。单位产品售价、单位变动成本、固定成本、产品品种结构等因素的变动,会对损益分界点和利润产生影响。

4. 在企业经营实践中,本量利分析在保本分析、保利分析、预测目标、控制风险分析、生产经营决策等方面都发挥着重要作用。

能力训练

一、单项选择题

1. 生产单一品种产品企业,保本销售额等于(　　)。
   A. 保本销售量×单位利润
   B. 固定成本总额÷贡献边际率
   C. 固定成本总额÷(单价－单位变动成本)
   D. 固定成本总额÷综合贡献边际率

2. 生产多品种产品企业测算综合保本销售额＝固定成本总额÷(　　)。
   A. 单位贡献边际　　　　　　　B. 贡献边际率
   C. 单价－单位变动成本　　　　D. 综合贡献边际率

3. 从保本图上得知,对单一产品分析,(　　)。
   A. 单位变动成本越大,总成本斜线率越大,保本点越高
   B. 单位变动成本越大,总成本斜线率越小,保本点越高
   C. 单位变动成本越小,总成本斜线率越小,保本点越高
   D. 单位变动成本越小,总成本斜线率越大,保本点越低

4. 利润＝(实际销售量－保本销售量)×(　　)。
   A. 贡献边际率　　　　　　　　B. 单位利润
   C. 单位售价　　　　　　　　　D. 单位贡献边际

5. 某企业只生产一种产品,单价 6 元,单位变动生产成本 4 元,单位销售和管理变动成本 0.5 元,销量为 500 件,则其产品贡献边际为(　　)元。
   A. 650　　　　　　　　　　　　B. 750
   C. 850　　　　　　　　　　　　D. 950

6. 下列因素中导致保本销售量上升的是(　　)。
   A. 销售量上升　　　　　　　　B. 产品单价下降
   C. 固定成本下降　　　　　　　D. 产品单位变动成本下降

7. 已知产品销售单价为 24 元,保本销售量为 150 件,销售额可达 4 800 元,则安全边际率为(　　)。
   A. 33.33%　　　　　　　　　　B. 25%
   C. 50%　　　　　　　　　　　 D. 20%

8. 在变动成本法下,利润表所提供的中间指标是(　　)。
   A. 贡献边际　　　　　　　　　B. 营业利润
   C. 营业毛利　　　　　　　　　D. 期间成本
9. 在下列指标中,可据以判断企业经营安全程度的指标是(　　)。
   A. 保本量　　　　　　　　　　B. 贡献边际
   C. 保本作业率　　　　　　　　D. 保本额
10. 如果产品的单价与单位变动成本上升的百分比相同,其他因素不变,则保本销售量(　　)。
    A. 上升　　　　　　　　　　　B. 下降
    C. 不变　　　　　　　　　　　D. 不确定
11. 在本量利分析中,必须假定产品成本的计算基础是(　　)。
    A. 完全成本法　　　　　　　　B. 变动成本法
    C. 吸收成本法　　　　　　　　D. 制造成本法
12. 保本作业率与安全边际率之间的关系是(　　)。
    A. 两者相等　　　　　　　　　B. 前者一般大于后者
    C. 后者一般大于前者　　　　　D. 两者之和等于1
13. 销售量不变,保本点越高,则能实现的利润(　　)。
    A. 越小　　　　　　　　　　　B. 不变
    C. 越大　　　　　　　　　　　D. 不一定
14. 某企业只生产一种产品,月计划销售600件,单位变动成本6元,月固定成本1 000元,欲实现利润1 640元,则单价应为(　　)元。
    A. 16.4　　　　　　　　　　　B. 14.6
    C. 10.6　　　　　　　　　　　D. 10.4
15. 销售收入为20万元,贡献边际率为60%,其变动成本总额为(　　)万元。
    A. 8　　　　　　　　　　　　 B. 12
    C. 4　　　　　　　　　　　　 D. 16
16. 单价单独变动时,会使安全边际(　　)。
    A. 不变　　　　　　　　　　　B. 不一定变动
    C. 同方向变动　　　　　　　　D. 反方向变动
17. 下列因素单独变动时,不对保利点产生影响的是(　　)。
    A. 单价　　　　　　　　　　　B. 目标利润
    C. 成本水平　　　　　　　　　D. 销售量
18. 某企业每月固定成本1 000元,单价10元,计划销售量600件,欲实现目标利润800元,其单位变动成本为(　　)元。
    A. 10　　　　　　　　　　　　B. 9
    C. 8　　　　　　　　　　　　 D. 7

二、多项选择题

1. 本量利分析的前提条件是(　　)。

A. 成本性态分析假设 B. 相关范围及线性假设
C. 变动成本法假设 D. 产销平衡和品种结构不变假设
E. 目标利润假设

2. 本量利分析基本内容有( )。
   A. 保本点分析 B. 安全程度分析
   C. 利润分析 D. 成本分析
   E. 保利点分析

3. 安全边际率等于( )。
   A. 安全边际量÷实际销售量 B. 保本销售量÷实际销售量
   C. 安全边际额÷实际销售额 D. 保本销售额÷实际销售额
   E. 安全边际量÷安全边际额

4. 从保本图得知( )。
   A. 保本点右边,成本大于收入,是亏损区
   B. 销售量一定的情况下,保本点越高,盈利区越大
   C. 实际销售量超过保本点销售量部分即是安全边际
   D. 在其他因素不变的情况,保本点越低,盈利面积越小
   E. 安全边际越大,盈利面积越大

5. 贡献边际率的计算方式有( )。
   A. 1－变动成本率 B. 贡献边际÷销售收入
   C. 固定成本÷保本销售量 D. 固定成本÷保本销售额
   E. 单位贡献边际÷单价

6. 下列各项中,能够同时影响保本点、保利点及保净利点的因素为( )。
   A. 单位贡献边际 B. 贡献边际率
   C. 固定成本总额 D. 目标利润
   E. 所得税税率

7. 下列两个指标之和为 1 的有( )。
   A. 安全边际率与贡献边际率 B. 安全边际率与保本作业率
   C. 保本作业率与变动成本率 D. 变动成本率与贡献边际率
   E. 贡献边际率与保本作业率

三、计算题

1. 某企业产销 A、B、C、D 四种产品的有关资料如下表所示。

产品名称	销售数量/个	销售收入总额/元	变动成本总额/元	单位贡献边际/元	固定成本总额/元	利润(或亏损)/元
A	(1)	20 000	(2)	5	4 000	6 000
B	1 000	20 000	(3)	(4)	8 000	－1 000
C	4 000	40 000	20 000	(5)	9 000	(6)
D	3 000	(7)	15 000	2	(8)	4 000

要求:计算填列表中用序号(1)、(2)、(3)、(4)、(5)、(6)、(7)、(8)表示的项目。

2. 某公司只生产一种产品,2022年销售收入为1 000万元,税前利润为100万元,变动成本率为60%。

要求:

(1) 计算该公司2022年的固定成本。

(2) 假定2023年该公司只追加20万元的广告费,其他条件均不变,试计算该年的固定成本。

(3) 计算2023年该公司的保本额。

3. 某企业只产销一种产品,2022年销售量为8 000件,单价为240元,单位成本为180元,其中单位变动成本为150元,该企业计划2023年利润比2022年增加10%。

要求:运用本量利分析原理进行规划,从哪些方面采取措施,才能实现目标利润(假定采取某项措施时,其他条件不变)。

4. 某公司生产甲、乙、丙三种产品,固定成本总额为19 800元,三种产品的有关资料如下。

品种	销售单价/元	销售量/件	单位变动成本/元
甲	2 000	60	1 600
乙	500	30	300
丙	1 000	65	700

要求:

(1) 采用加权平均法计算该厂的综合保本销售额及各产品的保本销售量。

(2) 计算该公司营业利润。

5. 某公司2023年预计销售某种产品50 000件,该产品变动成本率为50%,安全边际率为20%,单位贡献边际为15元。

要求:

(1) 预测2023年该公司的保本销售额。

(2) 2023年该公司可获得多少税前利润?

训练笔记

项目工作成果评价

评价指标		权重	评价等级及分值			得分		
			A(3分)	C(2分)	D(1分)	自评	互评	师评
项目工作完成态度		20%	态度非常积极,能主动参与或组织活动	具备基本的工作态度,能参与活动	没有具备基本的工作态度,有时不能参与活动			
			与小组同学合作良好	基本能与小组同学合作	与小组同学合作不太好			
			认真、善始善终完成项目	还算认真,基本能善始善终完成项目	随便,有时不能善始善终完成项目			
			能主动查阅全部相关资料	能查阅一些相关资料	偶尔能查阅一些相关资料			
专业能力	认识本量利分析	10%	熟练掌握认知本量利分析的基本内容	基本掌握本量利分析的基本内容	部分掌握本量利分析的基本内容			
	分析保本点	15%	熟练正确对单一产品生产企业进行保本分析	基本能够对单一产品生产企业进行保本分析	部分正确对单一产品生产企业进行保本分析			
			熟练正确对多品种产品生产企业进行保本分析	基本能够对多品种产品生产企业进行保本分析	部分正确对多品种产品生产企业进行保本分析			
	分析保利点	10%	熟练正确对企业进行保利分析	基本能够对企业进行保利分析	部分正确对企业进行保利分析			
	分析利润敏感性	10%	熟练正确对企业利润进行敏感性分析	基本能够对企业利润进行敏感性分析	部分正确对企业利润进行敏感性分析			
	绘制本量利分析图	5%	熟练正确绘制本量利关系图说明企业本量利分析情况	基本能够绘制本量利关系图说明企业本量利分析情况	部分正确绘制本量利关系图说明企业本量利分析情况			
	评价经营安全程度	10%	熟练正确评价企业的经营安全程度	基本能够评价企业的经营安全程度	部分正确评价企业的经营安全程度			
职业道德思想意识		20%	完全做到遵守职业道德	基本做到遵守职业道德	能够部分做到遵守职业道德			
小 计								
本项目成绩(平均分)								

预测分析

项目5
Xiangmu 5

情 景 引 例

长江公司2022年的销售额为1 000 000元,这已是公司的最大生产能力。假定税后净利润占销售额的4%,即40 000元,已分配利润为税后净利润的50%,即20 000元。预计2023年销售量可达1 500 000元,已分配利润仍为税后净利润的50%。长江公司2022年12月31日的资产负债表如下表所示,随销售收入变动和不变动的项目已列明。

长江公司资产负债表
2022年12月31日   单位:元

资　产		负债及所有者权益	
银行存款	20 000	应付账款	150 000
应收账款	170 000	应付票据	30 000(不变动)
存货	200 000	长期借款	200 000(不变动)
固定资产	300 000	实收资本	400 000(不变动)
无形资产	110 000(不变动)	未分配利润	20 000
资产总计	800 000	负债及所有者权益	800 000

根据上述所提供的资料,思考应该如何做长江公司2023年的资金需要量的预测?需要从哪些方面收集数据?预测的资金需要量是多少?

内 容 导 读

课程思政

- 认识市场、尊重市场、敬畏市场,利用市场引导企业,不能忽视市场的盲目性。
- 培养将市场作用和政府作用有机结合的能力,树立正确的市场观。
- 从企业经营预测这一管理手段的角度,理解企业向前发展需要对未来的发展道路进行预判,并能采用科学的预测方法,更好地把握企业的发展方向。

知识目标

- 理解预测分析的含义、特点、内容和步骤。
- 掌握销售预测、利润预测、成本预测和资金需求量预测的方法。
- 理解销售预测与利润预测、成本预测和资金需求量预测的关系。

能力目标

- 能够预测企业的销售量和销售额。
- 能够预测企业的成本。
- 能够预测企业的资金需求量。

素质目标

- 培养客观公正的职业操守。
- 培养灵活解决实际问题的能力。
- 培养沟通能力、团队合作能力。

任务1 认识经营预测

任务清单5-1 认识经营预测

项目名称	内容
任务情景	有位客人到某人家里做客,看见主人家的灶上烟囱是直的,旁边又有很多木材。客人告诉主人说,烟囱要改曲,木材须移走,否则将来可能会有火灾,主人听了没有任何反应。 不久,主人家里果然失火,四周的邻居赶紧跑来救火,最后火被扑灭了,于是主人烹羊宰牛,宴请四邻,以酬谢他们救火的功劳,但并没有请当初建议他将木材移走、烟囱改曲的人。 有人对主人说:"如果当初听了那位先生的话,今天也不用准备筵席,而且没有火灾的损失,现在论功行赏,原先给你提建议的人不被感恩,而救火的人却是座上客,真是很奇怪的事呢!"主人顿时省悟,赶紧去邀请当初给予建议的客人来吃酒。 这个故事告诉我们,一般人认为,足以摆平或解决企业经营过程中的各种棘手问题的人,就是优秀的管理者,其实这是有待商榷的。俗话说"预防重于治疗",能防患于未然,更胜于治乱于已成。由此观之,企业问题的预防者,其实是优于企业问题的解决者。 企业预测是什么?有哪些特点?内容是什么?预测步骤又是什么
任务目标	理解预测分析的含义、特点、内容和步骤

续表

项目名称	内　　容
任务要求	根据任务情景，通过网络搜索和阅读知识锦囊，梳理并完成上述任务目标
任务实施	1. 预测分析的含义 2. 预测分析的特点 3. 预测分析的内容 4. 预测分析的步骤

续表

项目名称	内　　容
任务总结	完成了上述任务,你有哪些收获? 1. 思政方面 2. 知识能力方面
实施人员	
任务点评	

【知识链接】请扫码查看完成任务清单5-1的知识锦囊。

知识锦囊 5-1

任务2 预测销售

任务清单5-2 预测销售

项目名称	内容
任务情景	"以销定产""以市场为导向"是现代企业的经营规则。销售作为企业经营的起点,其预测的重要性不言而喻。企业的销售预测方法都有哪些? 1. 说一说企业销售预测方法 2. 完成下列任务 (1) 某公司某年下半年甲产品的销售额资料如下。 	月 份	7	8	9	10	11	12
---	---	---	---	---	---	---
销售额/元	14.8	14.6	15.2	14.4	15.6	15.4 | 要求:预测第二年1月甲产品的销售额是多少。 (2) 某公司1—6月空调的销售量情况如下。 | 月 份	1	2	3	4	5	6
---	---	---	---	---	---	---
销售量/台	350	460	580	650	760	830	 要求:用加权平均法预测7月空调的销售量。 (3) 6月,A公司的实际销售量是510千克,原来预测6月的销售量是500千克,平滑系数 $\alpha=0.3$。用指数平滑法预测,该公司7月的销售量是多少
任务目标	掌握销售预测方法的应用
任务要求	根据任务情景,通过网络搜索和阅读知识锦囊,梳理并完成上述任务目标
任务实施	1. 销售预测方法 2. 任务解析 (1)

续表

项目名称	内　　容
任务实施	(2) (3)
任务总结	完成了上述任务，你有哪些收获？ 1. 思政方面 2. 知识能力方面
实施人员	
任务点评	

【知识链接】请扫码查看完成任务清单5-2的知识锦囊和视频讲解。

知识锦囊5-2　　视频讲解5-2

任务 3 预测成本

任务清单 5-3 预测成本

项目名称	内 容
任务情景	1. 某企业生产某产品,预测的下年度全年产品销售收入为 150 000 元,目标利润为 22 500 元。试求该企业下年度的目标成本。 2. 某企业只生产一种产品,过去 10 个月中,最高产量为 8 000 台,相对应的总成本为 660 000 元;最低产量为 6 000 台,相对应的总成本为 560 000 元。若第 11 个月计划产量为 5 000 台,试预测其对应的总成本
任务目标	掌握成本预测的含义、步骤、方法,并正确应用
任务要求	根据任务情景,通过网络搜索和阅读知识锦囊,梳理并完成上述任务目标
任务实施	1. 成本预测的含义 2. 成本预测的步骤

续表

项目名称	内 容
任务实施	3. 任务解析 (1) (2)
任务总结	完成了上述任务,你有哪些收获? 1. 思政方面 2. 知识能力方面
实施人员	
任务点评	

【知识链接】请扫码查看完成任务清单 5-3 的知识锦囊和视频讲解。

知识锦囊 5-3　　视频讲解 5-3

任务 4　预测利润

任务清单 5-4　预测利润

项目名称	内　　容
任务情景	1. 某企业产销一种产品，预测下年度的产销量为 10 000 件，单位变动生产成本为 19 元/件，单位变动销售与管理费用为 3 元/件，固定成本总额为 56 000 元，销售单价为 30 元/件。试预计下年度该企业的目标利润。 2. 某公司 10 月实际销售利润为 120 万元，实际销售收入为 1 000 万元。若计划 11 月预计销售收入为 1 700 万元。预计该企业 11 月的目标利润。 3. 某公司当前年度实际固定资产占用额为 240 万元，全部流动资金平均占用额为 80 万元，拟定在下年度初购置一台价值 50 万元的设备，并追加流动资金 10 万元，预计资金利润率为 8%，计算该公司下年度的目标利润。 4. 某企业当前年度实际利润总额为 80 万元，根据过去 3 年盈利情况分析，确定年度利润增长比率为 10%，预计企业下年度的目标利润
任务目标	掌握利润预测的含义、步骤、方法，并正确应用
任务要求	根据任务情景，通过网络搜索和阅读知识锦囊，梳理并完成上述任务目标
任务实施	1. 利润预测方法 2. 任务解析 (1) (2)

续表

项目名称	内 容
任务实施	(3) (4) 3. 利润预测的综合措施
任务总结	完成了上述任务,你有哪些收获? 1. 思政方面 2. 知识能力方面
实施人员	
任务点评	

【知识链接】请扫码查看完成任务清单 5-4 的知识锦囊和视频讲解。

知识锦囊 5-4　　视频讲解 5-4

任务 5 预测资金

任务清单 5-5　预测资金

项目名称	内　　容
任务情景	某公司是一家上市公司，2023年的相关资料如下。 单位：万元 | 资　产	金　额	负债及所有者权益	金　额
---	---	---	---
货币资金	10 000	短期借款	3 750
应收账款	6 250	应付账款	11 250
存货	15 000	预收账款	7 500
固定资产	20 000	应付债券	7 500
无形资产	250	股本	15 000
		留存收益	6 500
资产合计	51 500	负债及所有者权益合计	51 500	 该公司2023年的营业收入为62 500万元，销售净利率为12%，股利支付率为50%。经测算，2024年该公司营业收入会增长20%，销售净利率和股利支付率不变，无形资产也不相应增加。但是由于生产经营的需要，增加生产设备一台，价值2 500万元。经分析，流动资产项目与流动负债项目（短期借款除外）随营业收入同比例增减。 1. 计算2023年年末的敏感性资产占销售收入的比例 2. 计算2023年年末的敏感性负债占销售收入的比例 3. 计算2024年增加的资金需要量 4. 计算2024年外部筹资量
任务目标	掌握资金预测方法中的销售百分比法
任务要求	根据任务情景，通过网络搜索和阅读知识锦囊，梳理并完成上述任务目标
任务实施	1. 计算2023年年末的敏感性资产占销售收入的比例 2. 计算2023年年末的敏感性负债占销售收入的比例

续表

项目名称	内 容
任务实施	3. 计算2024年增加的资金需要量 4. 计算2024年外部筹资量
任务总结	完成了上述任务,你有哪些收获? 1. 思政方面 2. 知识能力方面
实施人员	
任务点评	

【知识链接】请扫码查看完成任务清单5-5的知识锦囊和视频讲解。

知识锦囊 5-5　　视频讲解 5-5

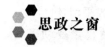

2023年央企发展目标为"一增一稳四提升"

2022年,国资央企统筹疫情防控和生产经营,推进提质增效和专项治理,为稳住宏观经济大盘提供了有力支撑,预计全年中央企业实现营业收入39.4万亿元、增长8.3%,利润总额2.55万亿元、增长5.5%。

2023年1月5日召开的中央企业负责人会议指出,2023年中央企业发展目标为"一增一稳四提升"。"一增",即确保利润总额增速高于全国GDP增速,增大国资央企稳定宏观经济大盘的分量;"一稳",即资产负债率总体保持稳定;"四提升",即净资产收益率、研发经费投入强度、全员劳动生产率、营业现金比率4个指标进一步提升。

会议强调,要切实加大科技创新工作力度,着力打造一批创新型国有企业,加大对承担重大攻关任务、开展基础前沿技术研究和应用的考核支持力度,积极参与国家高水平人才高地和人才平台建设。着眼加快实现产业体系升级发展,深入推进国有资本布局优化和结构调整。聚焦重点领域,构建以链带面、织链成网的产业发展新格局,实施产业链融通发展共链行动,带动产业链上中下游企业协同发展。

(资料来源:光明日报.2023年央企发展目标为"一增一稳四提升"[EB/OL].[2023-01-06].https://m.gmw.cn/baijia/2023-01/06/36281771.html.)

项目小结

1. 销售预测是企业进行生产经营活动的起点,也是进行正确经营决策的基本前提,还是开展其他经营预测的基础。销售预测的方法包括定量预测方法和定性预测方法。

2. 成本预测是成本管理的重要环节。通过成本预测,企业可以对成本的形成进行有效的控制,以降低成本水平,提高经济效益。

3. 科学的利润预测是编制全面预算的基础,可以为企业的生产经营管理提供明确的目标,为企业的资金需要量预测提供信息。利润预测的方法主要有本量利分析预测法、相关比率预测法和经营杠杆系数法。

4. 资金预测是指预测企业未来的融资需求。其主要内容是资金需求量预测,它是以预测期企业生产经营规模的发展和资金利用效果的提高等为依据,在分析有关历史资料、技术经济条件和发展规划的基础上,运用数学方法,对预测期资金需要量进行科学的预计和测算。最常用的资金需要量预测方法是销售百分比法。

能力训练

一、单项选择题

1. 预测方法分为两大类,包括定量分析法和(   )。

A. 平均法　　　B. 定性分析法　　　C. 回归分析法　　　D. 指数平滑法

2. 已知上一年利润为 100 000 元，下一年的经营杠杆系数为 1.4，销售量变动率为 15%，则下一年的利润预测额为（　　）元。

　　A. 140 000　　　B. 150 000　　　C. 121 000　　　D. 125 000

3. 经营杠杆系数等于 1，说明（　　）。

　　A. 固定成本等于 0　　　　　　　B. 固定成本大于 0
　　C. 固定成本小于 0　　　　　　　D. 与固定成本无关

4. 假设平滑指数＝0.6，9 月实际销售量为 600 千克，原来预测 9 月销售量为 630 千克，则预测 10 月的销售量为（　　）千克。

　　A. 618　　　B. 600　　　C. 612　　　D. 630

5. 已知上一年利润为 200 000 元，下一年的经营杠杆系数为 1.8，预计销售量变动率为 20%，则下一年利润预测额为（　　）元。

　　A. 200 000　　　B. 240 000　　　C. 272 000　　　D. 360 000

6. 预测分析的内容不包括（　　）。

　　A. 销售预测　　　B. 利润预测　　　C. 资金预测　　　D. 所得税预测

7. 下列适用于销售业务略有波动的产品的预测方法是（　　）。

　　A. 加权平均法　　　B. 移动平均法　　　C. 趋势平均法　　　D. 平滑指数法

二、多项选择题

1. 定量分析法包括（　　）。

　　A. 判断分析法　　　　　　　B. 集合意见法
　　C. 非数量分析法　　　　　　D. 趋势外推分析法
　　E. 因果预测分析法

2. 当预测销售量较为平稳的产品销量时，较好的预测方法为（　　）。

　　A. 算术平均法　　　　　　　B. 移动平均法
　　C. 修正的时间序列回归法　　D. 因果预测分析法
　　E. 判断分析法

3. 可以计算经营杠杆系数的公式有（　　）。

　　A. 利润变动率÷业务量变动率　　　B. 业务量变动率÷利润变动率
　　C. 基期贡献边际÷基期利润　　　　D. 基期利润÷基期贡献边际
　　E. 销售量的利润灵敏度×100%

4. 较大的平滑指数可用于（　　）情况的销量预测。

　　A. 近期　　　　　　　B. 远期
　　C. 波动较大　　　　　D. 波动较小
　　E. 长期

5. 属于趋势外推分析法的是（　　）。

　　A. 移动平均法　　　　　B. 平滑指数法
　　C. 回归分析法　　　　　D. 调查分析法

E. 移动平均法
6. 平滑指数法实质上属于（　　）。
   A. 平均法　　　　　　　　　B. 算术平均法
   C. 因果预测分析法　　　　　D. 趋势外推分析法
   E. 特殊的加权平均法

三、计算题

1. 某企业基期销售收入为100 000元，贡献边际率为30%，实现利润20 000元。
要求：计算该企业的经营杠杆系数。
2. 某企业生产一种产品，最近半年的平均总成本资料如下表所示。

单位：元

月份	固定成本	单位变动成本
1	12 000	14
2	12 500	13
3	13 000	12
4	14 000	12
5	14 500	10
6	15 000	9

要求：当7月产量为500件时，采用加权平均法预测7月产品的总成本和单位成本。

3. 某企业只生产一种产品，单价200元，单位变动成本160元，固定成本400 000元，2022年销售量为10 000件。企业按同行业先进的资金利润率预测2023年企业目标利润基数。已知资金利润率为20%，预计企业资金占用额为600 000元。
要求：
（1）测算企业的目标利润基数。
（2）测算企业为实现目标利润应该采取哪些单项措施。

4. 某企业只生产一种产品，已知本年度销售量为20 000件，固定成本为25 000元，利润为10 000元，预计下一年销售量为25 000件。
要求：预计下一年利润额。

训练笔记

项目工作成果评价

评价指标		权重	评价等级及分值			得分		
			A(3分)	C(2分)	D(1分)	自评	互评	师评
项目工作完成态度		10%	态度非常积极,能主动参与或组织活动	具备基本的工作态度,能参与活动	没有具备基本的工作态度,有时不能参与活动			
			与小组同学合作良好	基本能与小组同学合作	与小组同学合作不太好			
			认真、善始善终完成项目	还算认真,基本能善始善终完成项目	随便,有时不能善始善终完成项目			
			能主动查阅全部相关资料	能查阅一些相关资料	偶尔能查阅一些相关资料			
专业能力	认识经营预测	10%	熟练掌握认知经营预测的基本内容	基本掌握经营预测的基本内容	部分掌握经营预测的基本内容			
	预测销售	20%	熟练正确预测销售	基本能够正确预测销售	能够部分正确预测销售			
	预测成本	20%	熟练正确预测成本	基本能够正确预测成本	能够部分正确预测成本			
	预测利润	20%	熟练正确预测利润	基本能够正确预测利润	能够部分正确预测利润			
	预测资金	10%	熟练正确预测资金	基本能够正确预测资金	能够部分正确预测资金			
职业道德思想意识		10%	完全做到遵守职业道德	基本做到遵守职业道德	能够部分做到遵守职业道德			
小 计								
本项目成绩(平均分)								

短期经营决策

项目6
Xiangmu 6

让劳力士出名的草帽

1905年,在德国巴伐利亚的一座小城里,没有人不知道一位叫菲尔德的钟表匠,因为他的手表做得非常好,不但防水而且有自动功能。这个消息被同城的一位叫汉斯·威尔斯多夫的钟表商知道了,于是他急忙找到了菲尔德,并看了他那些纯手工制造的手表。

惊讶之余,威尔斯多夫说:"菲尔德先生,我想聘请您到我的公司来当技术总监,您觉得怎么样?"见菲尔德半天不吭声,威尔斯多夫又表示,只要菲尔德出个价钱,他愿意购买菲尔德研制手表的技术。"不,"菲尔德拒绝道,"我不会受眼前一点儿利益的影响而放弃自己的追求,我的理想是研制出一款世界上最好的手表。"钟表匠菲尔德的理念居然与自己的如此接近,是威尔斯多夫没有想到的。但他知道,一旦菲尔德在自己之前研制出了那款手表,自己的公司将会受到前所未有的威胁。

怎么办?只有抢在菲尔德之前研制出那款手表才是公司唯一的出路,但是菲尔德显然在技术上更胜一筹,要抢在他之前研制出那款手表谈何容易?

就在苦无良策的时候,威尔斯多夫突然得到了一个消息:菲尔德在研制手表的同时,还兼做草帽生意。威尔斯多夫立即让助手去向菲尔德订购草帽。果然,菲尔德在收到草帽的订单后,决定将研制手表的事情暂时放一放,而先去赶制草帽了。就这样,威尔斯多夫为自己尽快研制出手表并抢先上市赢得了时间。他给那款有着防水和自动功能的手表取名为"劳力士"。

当劳力士手表迅速地占领市场,并成为世界品牌后,威尔斯多夫才指着自家后院那一院子的草帽告诉菲尔德,那就是他的作品。恍然大悟的菲尔德这时已悔之晚矣。

可见正确决策的重要性。那就让我们一起来看看企业如何做生产决策吧。

(资料来源:湘湘. 劳力士与草帽[J]. 中等职业教育,2008(17):48.)

内容导读

课程思政

- 培养社会主义核心价值观：公平、敬业、诚信。
- 在"企业为人民、生产为大众"的经营中，了解功能与成本的辩证关系：功能是满足人民日益增长需要的根本，成本是保障功能实现的必要投入。企业必须在有效控制成本的基础上，降低产品或服务的价格。
- 明确生产经营决策要贯彻"创新、协调、绿色、开放、共享"的发展理念，努力实现低成本、高效率。

知识目标

- 理解决策的概念和分类。
- 理解决策分析中的各种成本概念。
- 掌握短期经营决策的各种方法。

能力目标

能够运用短期经营决策的分析方法进行生产决策分析。

素质目标

- 培养客观公正、诚实守信的职业操守。
- 培养灵活解决实际问题的能力。
- 培养沟通能力、团队合作能力。

任务 1　认识决策分析

任务清单 6-1　认识决策的分类和分析程序

项目名称	内容
任务情景	无论做什么事情，成功与失败取决于决策的正确与否。科学的企业经营决策能使企业充满活力，兴旺发达，而错误的经营决策会使企业陷入被动，濒临险境。科学经营决策的前提是确定决策目标。决策目标作为评价和监测整个决策行动的准则，持续地影响、调整和控制着决策活动的过程，一旦目标错了，就会导致决策失败。请说说决策的分类以及决策分析的程序

续表

项目名称	内 容
任务目标	理解决策的概念和分类
任务要求	根据任务情景,通过网络搜索和阅读知识锦囊,梳理并完成上述任务目标
任务实施	1. 决策的概念 2. 决策的分类
任务总结	完成了上述任务,你有哪些收获? 1. 思政方面 2. 知识能力方面
实施人员	
任务点评	

【知识链接】请扫码查看完成任务清单 6-1 的知识锦囊。

知识锦囊 6-1

任务 2 识别短期经营决策中的相关概念

任务清单 6-2 识别短期经营决策中的相关概念

项目名称	内　　容
任务情景	企业在日常经营管理活动中,要进行各种决策分析。制定决策,需要综合考虑成本、收入等因素。面对企业庞大的经营数据,理解哪些数据才是做决策时需要考虑的
任务目标	理解短期经营决策中相关收入、相关成本、不相关成本等概念,并对相关成本进行辨别
任务要求	根据任务情景,通过网络搜索和阅读知识锦囊,梳理并完成上述任务目标
任务实施	1. 相关收入 2. 相关成本

续表

项目名称	内 容
任务实施	3. 不相关成本
任务总结	完成了上述任务,你有哪些收获? 1. 思政方面 2. 知识能力方面
实施人员	
任务点评	

【知识链接】请扫码查看完成任务清单6-2的知识锦囊和视频讲解。

知识锦囊 6-2　　视频讲解 6-2

任务 3　掌握短期经营决策通用分析方法

任务清单 6-3　掌握短期经营决策通用分析方法

项目名称	内　　容
任务情景	1. 南方公司现有设备的生产能力为 40 000 小时，现有生产能力的利用程度为 80%，现准备利用剩余的生产能力开发甲、乙或丙产品。新产品甲、乙、丙的有关资料如下。 	项　目	甲	乙	丙
---	---	---	---
单位产品定额工时/小时	2	3	4
单价/元	30	40	50
单位变动成本/元	20	26	30 | 由于现有设备加工精度不够，加工丙产品时，需要增加专属成本 5 000 元。试使用边际贡献率分析应当开发哪种新产品。 2. 南方公司计划生产甲产品或乙产品，甲、乙产品的相关资料如下。 | 项　目	甲	乙
---	---	---
预计销售量/件	200	100
单价/元	32	50
单位变动成本/元	15	24 | 根据以上资料，使用差量分析法分析应当生产哪种产品。 3. 南方公司计划生产 A 产品，现有两种工艺可供选择。有关成本数据如下。 　　　　　　　　　　　　　　　　　　　　　　　　　　单位：元 | 项　目	固定成本总额	单位变动成本
---	---	---
新工艺	450 000	300
旧工艺	300 000	400	 试使用成本平衡点法分析应当采取哪种工艺
任务目标	应用短期经营决策通用分析方法做出决策
任务要求	根据任务情景，通过网络搜索和阅读知识锦囊，梳理并完成上述任务目标
任务实施	1. 应用边际贡献法

续表

项目名称	内容
任务实施	2. 应用差量分析法 3. 应用成本平衡点法
任务总结	完成了上述任务,你有哪些收获? 1. 思政方面 2. 知识能力方面
实施人员	
任务点评	

【知识链接】请扫码查看完成任务清单 6-3 的知识锦囊。

知识锦囊 6-3

任务 4 制定生产决策

任务清单 6-4 亏损产品是否停产或转产的决策分析

项目名称	内容
任务情景	南方公司生产 A、B、C 三种产品,其中 A 产品亏损,B、C 产品盈利,有关资料如表所示。 单位:元 | 项 目	A 产品	B 产品	C 产品	合 计
---	---	---	---	---
销售收入	4 000	6 000	8 000	18 000
变动成本	3 000	3 000	4 000	10 000
直接材料	900	800	1 400	3 100
直接人工	800	700	800	2 300
变动制造费用	700	600	600	1 900
变动销售管理费用	600	900	1 200	2 700
贡献毛益	1 000	3 000	4 000	8 000
固定成本	1 500	1 600	2 400	5 500
固定制造费用	1 100	1 000	1 600	3 700
固定销售管理费用	400	600	800	1 800
税前利润	−500	1 400	1 600	2 500 | 1. 分析南方公司是否应该停产亏损的 A 产品?(假定 A 产品停产后,闲置生产能力无法转移) 2. (1) 如果停产 A 产品,会对企业利润产生什么影响? 　(2) 假设南方公司生产 A 产品的设备可以转产 D 产品,也可以将该设备对外出租,每年可获租金 1 000 万元。D 产品的资料如下。 单位:元 | 项 目	D 产品
销售收入	5 000
变动生产成本	2 300
变动销售管理费用	700 | 分析南方公司是继续生产 A 产品还是转产 D 产品,或是将此设备出租
任务目标	应用正确的方法做出亏损产品是否停产或转产的决策分析
任务要求	根据任务情景,通过网络搜索和阅读知识锦囊,梳理并完成上述任务目标

续表

项目名称	内　　容
任务实施	1. 分析南方公司是否应该停产亏损的 A 产品 2.（1）分析是否应该停产 A 产品，停产 A 产品对企业利润的影响是多少？ （2）分析南方公司是继续生产 A 产品还是转产 D 产品，或是将此设备出租
任务总结	完成了上述任务，你有哪些收获？ 1. 思政方面 2. 知识能力方面
实施人员	
任务点评	

【知识链接】请扫码查看完成任务清单 6-4 的知识锦囊和视频讲解。

知识锦囊 6-4

视频讲解 6-4

任务清单 6-5　特殊价格追加订货的决策分析

项目名称	内　　容
任务情景	南方公司的机械加工车间生产甲产品,年设计生产能力为10 000件。目前已接受订货8 000件,每件售价40元,预计单位成本为38元。其中单位产品变动成本为30元,单位产品固定成本8元。现有一用户前来要求订货1 000件,每件出价35元,而且这项订货还有一些特殊要求。如果接受这项订货,需要为此购置一台价值为1 200元的专用设备。该设备无其他用途,报废时无残值。试根据上述资料做出是否应接受这项追加订货的决策
任务目标	应用正确的方法做出特殊价格追加订货的决策分析
任务要求	根据任务情景,通过网络搜索和阅读知识锦囊,梳理并完成上述任务目标
任务实施	做出是否应接受这项追加订货的决策
任务总结	完成了上述任务,你有哪些收获? 1. 思政方面 2. 知识能力方面
实施人员	
任务点评	

【知识链接】请扫码查看完成任务清单 6-5 的知识锦囊和视频讲解。

知识锦囊 6-5

视频讲解 6-5

任务清单 6-6 新产品开发的品种决策分析

项目名称	内　容
任务情景	1. 南方公司原设计生产能力为 5 000 机器工时，实际开工率只有原生产能力的 80%，现准备将剩余生产能力用于生产新产品甲或新产品乙。老产品及甲、乙两种新产品的有关资料如下。 	产品名称	老产品	新产品甲	新产品乙
---	---	---	---
每件定额机器工时/小时	20	5	2
销售单价/元	60	82	44
单位变动成本/元	50	70	38
固定成本总额/元	14 000		| 要求：根据所述资料做出开发哪种新产品较为有利的决策。 2. 南方公司原来生产甲、乙两种产品，现有丙、丁两种新产品可以投入生产，但剩余生产能力有限，只能将其中一种新产品投入生产。企业的固定成本 1 800 元。如果生产丙产品，发生专属固定成本 180 元；若生产丁产品，发生专属固定成本 650 元。请做出生产丙产品还是丁产品的决策 | 项　目	甲产品	乙产品	丙产品	丁产品
---	---	---	---	---
产销数量/件	300	200	180	240
单价/元	10	8	6	9
单位变动成本/元	4	5	3	5	
任务目标	应用正确的方法做出新产品开发的品种决策分析
任务要求	根据任务情景，通过网络搜索和阅读知识锦囊，梳理并完成上述任务目标
任务实施	1. 做出开发哪种新产品较为有利的决策 2. 做出生产丙产品还是丁产品的决策

续表

项目名称	内 容
任务总结	完成了上述任务,你有哪些收获? 1. 思政方面 2. 知识能力方面
实施人员	
任务点评	

【知识链接】请扫码查看完成任务清单6-6的知识锦囊和视频讲解。

知识锦囊 6-6　　　视频讲解 6-6

任务清单 6-7　半成品是否深加工的决策分析

项目名称	内 容
任务情景	南方公司每年生产甲半成品 20 000 件,其单位变动成本是 30 元,销售单价 40 元。如果把甲半成品进一步深加工为乙产成品,需追加单位变动成本 6 元,追加固定成本 100 000 元,乙产成品销售单价为 70 元。若不进行深加工,可将追加固定成本的 100 000 元资金用于购买债券,每年可获得债券利息 15 000 元。 要求:做出甲半成品直接出售还是深加工的决策分析
任务目标	应用正确的方法做出半成品是否深加工的决策分析
任务要求	根据任务情景,通过网络搜索和阅读知识锦囊,梳理并完成上述任务目标

续表

项目名称	内　容
任务实施	做出甲半成品直接出售还是深加工的决策
任务总结	完成了上述任务,你有哪些收获? 1. 思政方面 2. 知识能力方面
实施人员	
任务点评	

【知识链接】请扫码查看完成任务清单 6-7 的知识锦囊和视频讲解。

知识锦囊 6-7

视频讲解 6-7

任务清单 6-8　零部件自制或外购的决策分析

项目名称	内　容
任务情景	南方企业需用的甲配件既可以自制,也可以从市场中购买,购买单价为 40 元/件,每年自制甲配件需增加专属成本 50 000 元,单位变动成本为 20 元/件。 要求: 1. 如果企业需要 2 600 件配件,分析应自制还是外购。 2. 做出需求量在什么范围内甲配件自制或外购的决策分析

续表

项目名称	内　　容
任务目标	应用正确的方法做出零部件自制或外购的决策分析
任务要求	根据任务情景,通过网络搜索和阅读知识锦囊,梳理并完成上述任务目标
任务实施	1. 如果企业需要 2 600 件配件,分析应自制还是外购 2. 做出需求量在什么范围内甲配件自制或外购的决策分析
任务总结	完成了上述任务,你有哪些收获? 1. 思政方面 2. 知识能力方面
实施人员	
任务点评	

【知识链接】请扫码查看完成任务清单 6-8 的知识锦囊和视频讲解。

知识锦囊 6-8　　视频讲解 6-8

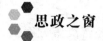 **思政之窗**

习近平总书记在党的二十大报告中指出:"加快发展方式绿色转型。"这是党中央立足全面建成社会主义现代化强国、实现第二个百年奋斗目标,以中国式现代化全面推进中华民族伟大复兴作出的重大战略部署,具有十分重要的意义。我们要坚决贯彻落实党的二十大部署和要求,推动绿色发展,促进人与自然和谐共生。

一、加快发展方式绿色转型是贯彻落实新发展理念的战略要求

绿色发展是新发展理念的重要组成部分,绿色决定着发展的成色。加快发展方式绿色转型,就是要坚持和贯彻新发展理念,正确处理经济发展和生态环境保护的关系,把经济活动、人的行为限制在自然资源和生态环境能够承受的限度内,不再简单以国内生产总值增长论英雄,改变传统的"大量生产、大量消耗、大量排放"的生产模式和消费模式,使资源、生产、消费等要素相匹配相适应,实现经济社会发展和生态环境保护协调统一、人与自然和谐共生。绿色发展要贯穿经济社会发展全过程、各领域,加快绿色转型,是对我国发展方式的一场深刻变革,将对生产方式、生活方式、思维方式和价值观念产生全方位、革命性影响。

二、加快发展方式绿色转型是实现高质量发展的应有之义

党的二十大报告指出:"推动经济社会发展绿色化、低碳化是实现高质量发展的关键环节。"高质量发展是绿色成为普遍形态的发展。加快发展方式绿色转型,就是要改变过多依赖增加物质资源消耗、过多依赖规模粗放扩张、过多依赖高能耗高排放产业的发展模式,按照促进人与自然和谐共生的要求,从"有没有"转向发展"好不好"、质量"高不高",构建科技含量高、资源消耗低、环境污染少的产业结构,大幅提高经济绿色化程度,有效降低发展的资源环境代价。以绿色化、低碳化为显著特征的绿色转型,将通过技术进步、提升效能等降低资源消耗和污染物排放,减少温室气体和对自然生态破坏,从而形成资源高效、排放较少、环境清洁、生态安全的高质量发展格局。

三、加快发展方式绿色转型是全面建设社会主义现代化国家的重大举措

党的二十大报告指出:"尊重自然、顺应自然、保护自然,是全面建设社会主义现代化国家的内在要求。"人与自然和谐共生是中国式现代化的重要特征。回顾历史,几百年来工业化进程创造了前所未有的物质财富,但大量消耗资源能源,也带来了触目惊心的环境污染和生态破坏,造成了难以弥补的生态创伤。中国式现代化坚持推动绿色发展,同步推进物质文明和生态文明建设。加快发展方式绿色转型,就是要深刻把握自然规律和经济社会可持续发展一般规律,加快形成节约资源和保护环境的产业结构、生产方式、生活方式、空间格局,走出一条生产发展、生活富裕、生态良好的文明发展道路。

(资料来源:中国青年网. 加快发展方式绿色转型[EB/OL]. [2022-11-07]. https://baijiahao.baidu.com/s?id=1748825980457202513&wfr=spider&for=pc.)

 **项目小结**

1. 决策是指为了达到特定的目标,或者对某些特殊或专门问题决定是否采取某种行动而在两个或两个以上的备选方案中,选择一个最优方案的过程。按照决策时期的长短

可分为短期决策和长期决策两类。

2. 经营决策分析的评价原则是取得最大的经济效益。判定某短期经营决策方案优劣的主要标志是看该方案能否使企业在一年内获得更多的利润。经营决策的方法主要有边际贡献法、差量分析法和成本平衡点法。

3. 生产决策分析的主要内容包括亏损产品停产或转产的决策分析、特殊价格追加订货的决策分析、新产品开发的品种决策分析、半成品是否深加工的决策分析、零部件自制或外购的决策分析。

能 力 训 练

一、单项选择题

1. 在有关产品是否进行深加工决策中,深加工前的半产品成本属于(　　)。
    A. 估算成本　　　B. 重置成本　　　C. 机会成本　　　D. 沉没成本

2. 在进行半产品是否进一步深加工决策时,应对半成品在加工后增加的收入和(　　)进行分析研究。
    A. 进一步加工前的变动成本　　　B. 进一步加工追加的成本
    C. 进一步加工前的全部成本　　　D. 加工前后的全部成本

3. 设一生产电子器件的企业为满足客户追加订货的需要,增加了一些成本开支,其中(　　)是专属固定成本。
    A. 为及时完成该批产品的生产,而要购入一台新设备
    B. 为及时完成该批追加订货,需要支付职工加班费
    C. 生产该批产品机器设备增加的耗电量
    D. 该厂为生产该批产品以及以后的生产建造了一间新厂房

4. 某厂需要零件甲,其外购单价为 10 元,若自行生产,单位变动成本为 6 元,且需要为此每年追加 10 000 元的固定成本,当该零件的年需要量为(　　)件时,外购、自制两种方案等效。
    A. 2 500　　　B. 3 000　　　C. 2 000　　　D. 1 800

5. 某公司生产一种化工产品甲,进一步加工可以生产高级化工产品乙,甲、乙两种产品在市场上的售价分别为 50 元/千克、120 元/千克,但乙产品的生产每年需要追加固定成本 20 000 元,单位变动成本为 10 元,若每千克甲产品可加工 0.6 千克乙产品,则在下列选择中,该公司应(　　)。
    A. 进一步加工生产乙产品
    B. 当甲产品的年销售量超过 1 250 千克,将甲产品加工为乙产品
    C. 将甲产品出售,不进一步加工
    D. 以上方案均可

6. 在固定成本不变的情况下,下列( )应该采取采购的策略。
   A. 自制单位变动成本小于外购价格   B. 自制单位变动成本等于外购价格
   C. 自制单位变动成本大于外购成本   D. 自制单位产品成本大于外购成本

7. 在产销平衡的情况下,一个企业同时生产多种产品,其中一种单位边际贡献为正的产品最终变为亏损产品,其根本原因是( )。
   A. 该产品存在严重积压
   B. 该产品总成本太高
   C. 该产品上分担的固定成本相对较高
   D. 该产品的销量太小

8. ( )是相关成本。
   A. 可避免成本   B. 共同成本   C. 联合成本   D. 沉没成本

9. ( )是无关成本。
   A. 沉没成本   B. 专属成本   C. 可避免成本   D. 增量成本

10. 如果把不同产量作为不同方案来理解,边际成本实际上就是不同方案形成的( )。
    A. 相关成本   B. 沉没成本   C. 差量成本   D. 付现成本

11. 设某企业生产某种半成品 2 000 件,完成一定加工工序后,可以立即出售,也可以进一步深加工之后再出售,如果立即出售,每件售价 15 元,若深加工后出售,售价为 24 元,但要多付深加工成本 9 500 元,则继续进行深加工的机会成本为( )元。
    A. 48 000   B. 30 000   C. 9 500   D. 18 000

12. 如上题条件,立即出售的机会成本为( )元。
    A. 48 000   B. 30 000   C. 38 500   D. 18 000

13. 有一批可修复废品,存在两种处置方案,一种是降价后直接出售,另一种是修复后按正常价格出售,修复成本为 3 000 元,降价后出售收入为 7 000 元,修复后出售收入为 11 000 元,那么差量损益为( )元。
    A. 3 000   B. 4 000   C. 8 000   D. 1 000

14. 在短期经营决策中,企业不接受特殊价格追加订货的原因是买方出价低于( )。
    A. 正常价格   B. 单位产品成本   C. 单位变动成本   D. 单位固定成本

二、多项选择题

1. 下列各项中,属于决策分析过程的特征的有( )。
   A. 本质的主观能动性   B. 依据的客观性
   C. 方案的可选择性   D. 时间上的未来性

2. 按照决策条件的肯定程度,可将决策划分为( )。
   A. 战略决策   B. 确定型决策   C. 风险型决策   D. 不确定型决策

3. 下列各项中,属于生产经营决策中相关成本的是( )。
   A. 增量成本   B. 机会成本
   C. 专属成本   D. 沉没成本
   E. 不可避免成本

4. 下列各项中,备选方案中不涉及相关收入的是(　　)。
   A. 差别损益分析法　　　　　　B. 相关损益分析法
   C. 相关成本分析法　　　　　　D. 成本无差别点法

5. 下列各项中,属于半成品深加工决策方案可能需要考虑的相关成本的有(　　)。
   A. 全部加工成本　B. 可分成本　　C. 机会成本　　D. 联合成本

6. 在是否接受特殊价格追加订货的决策中,如果发生了追加订货冲击正常销售的现象,就意味着(　　)。
   A. 会因此而带来机会成本
   B. 追加订货量大于正常订货量
   C. 追加订货量大于企业剩余生产能力
   D. 因追加订货有特殊要求必须追加专属成本

三、判断题

1. 相关成本与无关成本的区分并不是绝对的。（　）
2. 专门生产某种产品的专用设备折旧费,保险费属于该产品的专属成本。（　）
3. 差量分析法一般仅适用于两个方案之间的比较。（　）
4. 如果一项资产只能用于某一职能,则不会产生机会成本。（　）
5. 机会成本是一项实际指出,应登记入账。（　）
6. 在任何情况下,边际成本都与变动成本一致。（　）
7. 沉没成本是现在发生的,无法由现在或将来的任何决策所改变的成本。（　）
8. 联合成本是由多个产品或部门共同负担的成本,因此属于相关成本,决策时应考虑。（　）

四、计算题

1. 某企业生产 A、B、C 三种产品,有关资料如下。

项　目	A	B	C	合　计
销售量/件	1 000	1 200	1 800	
单位售价/元	900	700	500	
单位变动成本/元	700	580	450	
单位边际贡献/元	200	120	50	
边际贡献总额/元	200 000	144 000	90 000	434 000
固定成本/元	125 000	125 000	150 000	400 000
利润/元	75 000	19 000	−60 000	34 000

根据以上资料分析:

(1) 亏损 C 产品是否应停产(假定全部固定成本均不可避免),如停产则利润为多少?

(2) 如果停产 C 产品,多余的空间可用于扩大 A 产品的生产,预计能够增加 A 产品销售量 800 件(假设该 800 件可按原有价格全部出售),同时将发生可避免成本 2 万元,假定 A 产品的边际贡献保持不变,该方案是否可行?

2. 某厂生产 A 产品,生产 A 产品所需要的零件甲下一年需要量为 18 000 个。如外购,则外购单价为 60 元;如利用车间生产能力进行生产,每个零件需要直接材料费 30 元,直接人工费 20 元,变动制造费 8 元,固定制造费用 6 元,合计 64 元。

要求:就以下互不相关的情况做出零件甲是自制还是外购的决策。

(1) 企业现具备生产 18 000 个零件甲的能力,且剩余生产能力无其他用途。

(2) 企业现具备生产 18 000 个零件甲的能力,但剩余生产能力也可用于对外加工零件乙,预计加工零件乙可产生边际贡献 100 000 元。

(3) 企业目前只具备生产 15 000 个零件甲的能力,且无其他用途,若多生产零件甲,需要租入一台设置,年租金为 25 000 元,这样可使生产能力达到 18 000 个。

(4) 条件同(3),但企业也可以采纳用剩余生产能力自制 15 000 个零件甲,其余全部外购的方式。

3. 某企业生产过程中需要的零件甲的年需要量不确定。企业可以选择外购或自制该零件:其中自制零件方案需增添专业设备两台,每台价值 100 000 元,使用期限 5 年,假定没有残值,按直线法进行折旧,每年为 40 000 元,另外单位变动成本为 58 元;外购单价为 60 元。

要求:判断该厂应自制还是外购零件甲。

4. 某企业常年生产需用的 B 部件以前一直从市场上采购,已知采购量在 5 000 件以下时,单价为 8 元/件;达到或超过 5 000 件时,单价为 7 元/件。如果追加投入 12 000 元专属成本,就可以自行制造该部件,预计单位变动成本为 5 元/件。

要求:用成本平衡法为企业做出自制或外购部件 B 的决策,并说明理由。

5. 某企业只生产一种产品,全年最大生产能力为 1 200 件。年初已按 100 元/件的价格接收正常任务 1 000 件,该产品的单位完全生产成本为 80 元/件(其中,单位固定制造费用为 30 元),现有一客户要求以 70 元/件的价格追加订货。考虑以下决策的可行性。

(1) 剩余生产能力无法转移,追加订货量为 200 件,不增加专属成本。

(2) 剩余生产能力无法转移,追加订货量为 200 件,需追加专属成本 1 000 元。

(3) 同(1),但剩余能力可以出租,租金 5 000 元。

(4) 剩余能力无法转移,追加订货量为 300 件,但需要追加 1 000 元专属成本。

6. 某企业现有生产能力为 40 000 机器小时,尚有 20% 的剩余生产能力,为充分利用生产能力,准备开发新产品,有甲、乙、丙三种新产品可以选择,资料如下。

项 目	甲	乙	丙
单价/元	100	60	30
单位变动成本/元	50	30	12
单位产品定额工时/小时	40	20	10

(1) 计算三种新产品的单位工时边际贡献。

(2) 分析应优先生产哪种产品。

(3) 如果甲产品的年需求为 600 件,乙产品的年需求量为 500 件,丙产品的年需求量为 200 件,为充分利用生产能力,该如何安排生产?

项目工作成果评价

评价指标	权重	评价等级及分值			得分		
		A(3分)	C(2分)	D(1分)	自评	互评	师评
项目工作完成态度	20%	态度非常积极,能主动参与或组织活动	具备基本的工作态度,能参与活动	没有具备基本的工作态度,有时不能参与活动			
		与小组同学合作良好	基本能与小组同学合作	与小组同学合作不太好			
		认真、善始善终完成项目	还算认真,基本能善始善终完成项目	随便,有时不能善始善终完成项目			
		能主动查阅全部相关资料	能查阅一些相关资料	偶尔能查阅一些相关资料			
专业能力	认识决策分析 10%	熟练识别不同类别的决策,掌握决策分析程序	基本能够正确识别不同类别的决策,基本掌握决策分析程序	能够部分识别不同类别的决策,部分了解决策分析程序			
	识别短期经营决策中的相关概念 15%	熟练识别决策中的不同成本	基本能够正确识别决策中的不同成本	能够部分识别决策中的不同成本			
	掌握短期经营决策通用分析方法 15%	熟练掌握三种经营决策分析方法	基本能够掌握三种经营决策分析方法	能够部分掌握三种经营决策分析方法			
	制定生产决策 30%	熟练正确做出亏损产品是否停产或转产的决策分析	基本能够应用正确做出亏损产品是否停产或转产的决策分析	能够部分做出亏损产品是否停产或转产的决策分析			
		熟练正确做出特殊价格追加订货的决策分析	基本能够正确做出特殊价格追加订货的决策分析	能够部分做出特殊价格追加订货的决策分析			
		熟练正确做出新产品开发的品种决策分析	基本能够正确做出新产品开发的品种决策分析	能够部分做出新产品开发的品种决策分析			
		熟练正确做出半成品是否深加工的决策分析	基本能够正确做出半成品是否深加工的决策分析	能够部分做出半成品是否深加工的决策分析			

续表

评价指标		权重	评价等级及分值			得 分		
			A(3分)	C(2分)	D(1分)	自评	互评	师评
专业能力	制定生产决策	30%	熟练正确做出零部件自制或外购的决策分析	基本能够正确零部件自制或外购的决策分析	能够部分做出零部件自制或外购的决策分析			
	职业道德思想意识	10%	完全做到遵守职业道德	基本做到遵守职业道德	能够部分做到遵守职业道德			
小　计								
本项目成绩(平均分)								

长期投资决策

项目7
Xiangmu 7

第五届丝博会签约72个项目，投资超1 500亿元

2021年5月11日至15日，为期5天的第五届丝绸之路国际博览会暨中国东西部合作与投资贸易洽谈会在西安举办。会议期间举办的三场集中签约仪式上，共签订重点合作项目72个，总投资达1 583亿元，涉及教育、现代农业、高技术产业等多个领域。作为2021年在中国西部地区举办的首个大型国家级展会，本届丝博会以"互联互通·共建共享"为主题，由斯洛伐克共和国担任主宾国，四川省、河北省担任主宾省，吸引了98个国家和地区的1 938名驻华使节和境外嘉宾前来参会，300余家境外企业和2 300多家国内企业参展，展销各类特色产品2万余种。

本届丝博会聚焦高质量共建"一带一路"，围绕"一带一路"经贸交流、金融合作、教育合作、电子商务等多个领域，举办了29场主旨论坛和重要活动。与会代表一致认为"一带一路"倡议提出以来取得了丰硕的成果，期待未来在"一带一路"框架下加强国际合作，推动世界经济复苏。

本届丝博会首次采用线上线下一体化办会模式，通过3D虚拟展厅、VR全景展示等多种方式，再造一个线上展会；同时还开通了线上洽谈平台，为供采双方提供便利。据统计，会议期间，线上丝博会观展人数超过400万人次，进一步扩大了丝博会品牌影响力。

（资料来源：新华网．第五届丝博会签约72个项目投资超1 500亿元[EB/OL]．[2021-05-15]．http://www.xinhuanet.com/2021-05/15/c_1127450642.htm．）

课程思政

- 培养社会主义核心价值观：法治、诚信。
- 提升长期投资决策的敏锐度，锻炼对投资失败的接受能力，培养乐观积极的人生态度。
- 长期投资过程中了解风险越大、回报越高，付出才有回报，不能坐享其成。

知识目标

- 掌握长期投资的内涵和特点。
- 掌握货币时间价值的概念及其计算。
- 掌握现金流量的相关概念及计算方法。
- 掌握长期投资决策的各种评价方法。

能力目标

能够运用长期投资决策的评价方法进行长期投资决策。

素质目标

- 培养诚实守信、遵守职业道德的职业精神。
- 培养独立分析问题、解决问题的能力。
- 培养沟通能力、团队合作能力。

任务1 认识长期投资

任务清单7-1 认识长期投资基本内容

项目名称	内容
任务情景	房地产项目、娱乐场所项目、企业工作项目等，从开始建设到运营持续多年，在这些项目开始动工之前，需要通过大量的分析来确定这些项目的可行性
任务目标	认知长期投资，掌握长期投资的内涵和特点
任务要求	根据任务情景，通过网络搜索和阅读知识锦囊，梳理并完成上述任务目标
任务实施	1. 长期投资的内涵 广义

续表

项目名称	内　容
任务实施	狭义 2. 特点
任务总结	完成了上述任务，你有哪些收获？ 1. 思政方面 2. 知识能力方面
实施人员	
任务点评	

【知识链接】请扫码查看完成任务清单7-1的知识锦囊。

知识锦囊 7-1

任务清单 7-2　货币时间价值计算

项目名称	内　　容
任务情景	拿破仑 1797 年 3 月在卢森堡第一国立小学演讲时说了这样一番话:"为了答谢贵校对我,尤其是对我夫人约瑟芬的盛情款待,我不仅今天呈上一束玫瑰花,并且在未来的日子里,只要我们法兰西存在一天,每年的今天我将亲自派人送给贵校一束价值相等的玫瑰花,作为法兰西与卢森堡友谊的象征。"时过境迁,拿破仑穷于应付连绵的战争和此起彼伏的政治事件,最终惨败而被流放到圣赫勒拿岛,把对卢森堡的诺言忘得一干二净。可卢森堡这个小国对"欧洲巨人与卢森堡孩子亲切、和谐相处的一刻"念念不忘,并载入他们的史册。1984 年年底,卢森堡旧事重提,向法国提出违背"赠送玫瑰花"诺言案的索赔:要么从 1797 年起,用 3 路易作为一束玫瑰花的本金,以 5 厘复利(即利滚利)计息全部清偿这笔玫瑰花案;要么法国政府在法国各大报刊上公开承认拿破仑是个言而无信的小人。起初,法国政府准备不惜重金赎回拿破仑的声誉,但却被计算机算出的数字惊呆了:原本 3 路易的许诺,本息竟高达 1 375 596 法郎。经过冥思苦想,法国政府斟词酌句的答复是:"以后,无论在精神上还是物质上,法国将始终不渝地对卢森堡大公国的中小学教育事业予以支持与赞助,来兑现我们的拿破仑将军那一诺千金的玫瑰花承诺。"这一措辞最终得到了卢森堡人民的谅解。 一束小小的玫瑰花的价值经过 187 年,变成了一笔巨款,这是为什么呢
任务目标	掌握货币时间价值的概念及其计算;明确单利和复利在计算中的不同
任务要求	根据任务情景,通过网络搜索和阅读知识锦囊,梳理并完成上述任务目标
任务实施	1. 货币时间价值的内涵 2. 单利计息方式 3. 复利计息方式

续表

项目名称	内　　容
任务总结	完成了上述任务,你有哪些收获? 1. 思政方面 2. 知识能力方面
实施人员	
任务点评	

【知识链接】请扫码查看完成任务清单 7-2 的知识锦囊。

知识锦囊 7-2

任务清单 7-3　计算复利终值、复利现值、年金终值、年金现值

项目名称	内　　容
任务情景	1. 某人将 1 万元现金存入银行,假设银行存款利率为 10%。计算 5 年后复利制下的本利和。 2. 某企业从银行取得 200 万元的贷款额度,第 1 年年初取得贷款 100 万元,第 2 年年初取得贷款 50 万元,第 3 年年初取得贷款 50 万元。该贷款年利息率为 8%,按年计算复利,第 4 年年末一次还本付息。试计算第 4 年年末应偿还的本息和。 3. 某企业准备在今后 6 年内,每年年末从利润留成中提取 50 000 元存入银行,计划 6 年后,将这笔存款用于建造某一福利设施,若年利率为 6%,问 6 年后共可以积累多少资金?

续表

项目名称	内　容
任务情景	4. 某企业准备在今后的 8 年内,每年年末发放奖金 70 000 元,若年利率为 12%,问该企业现在需向银行一次存入多少钱
任务目标	计算复利终值和现值以及年金终值和现值
任务要求	根据任务情景,通过网络搜索和阅读知识锦囊,梳理并完成上述任务目标
任务实施	1. 复利终值 2. 复利现值 3. 年金终值 4. 年金现值

续表

项目名称	内 容
任务实施	5.任务解析 (1) (2) (3) (4)
任务总结	完成了上述任务,你有哪些收获? 1.思政方面 2.知识能力方面
实施人员	
任务点评	

【知识链接】请扫码查看完成任务清单7-3的知识锦囊。

知识锦囊7-3

任务 2　估算现金流量

任务清单 7-4　计算现金流量

项目名称	内　　容
任务情景	南方公司准备投资建设一条新的生产线用于生产其开发的一种新产品,企业所得税税率为 25%。有关预计资料如下:固定资产投资 1 000 万元,营运资金增加 200 万元,建设期为 1 年,固定资产投资全部于建设起点投入,而增加的营运资金全部于建设工程完工时(即第 1 年年末)投入。预计项目经济寿命期为 5 年,固定资产按直线法计提折旧,期满有 40 万元净残值。该项目投产后,每年增加的销售收入为 800 万元,每年增加的付现成本为 328 万元。 要求:计算各年的净现金流量
任务目标	掌握现金流量的相关概念及计算方法
任务要求	根据任务情景,通过网络搜索和阅读知识锦囊,梳理并完成上述任务目标
任务实施	1. 初始投资的净现金流量 2. 各年的营业净现金流量

续表

项目名称	内　　容
任务实施	3. 终结净现金流量
任务总结	完成了上述任务，你有哪些收获？ 1. 思政方面 2. 知识能力方面
实施人员	
任务点评	

【知识链接】请扫码查看完成任务清单 7-4 的知识锦囊和视频讲解。

知识锦囊 7-4　　视频讲解 7-4

任务 3　制定长期投资决策

任务清单 7-5　投资回收期法的应用

项目名称	内容
任务情景	1. AI 厂准备从甲、乙两种机床中选购一种机床。甲机床购价 35 000 元,投入使用后每年的现金流入量为 7 000 元;乙机床购价 36 000 元,投入使用后每年的现金流入量为 8 000 元。 要求:试用回收期指标评价该厂应选购哪种机床? 2. B 公司有一投资项目,需要一次性投资 150 000 元,使用年限 5 年,每年的现金流入量不相等,如下表所示。 单位:元 | 年数	1	2	3	4	5
---	---	---	---	---	---
现金流入量	30 000	35 000	60 000	50 000	40 000
累计现金流入量	30 000	65 000	125 000	175 000	215 000	 该公司对项目的期望回收期为 4 年。 要求:计算该投资方案是否可行
任务目标	应用投资回收期法评价投资项目是否可行
任务要求	根据任务情景,通过网络搜索和阅读知识锦囊,梳理并完成上述任务目标
任务实施	1. 运用投资回收期法评价 AI 厂应选购哪种机床 2. 运用投资回收期法评价 B 公司投资方案是否可行

项目名称	内 容
任务总结	完成了上述任务，你有哪些收获？ 1. 思政方面 2. 知识能力方面
实施人员	
任务点评	

【知识链接】请扫码查看完成任务清单 7-5 的知识锦囊和视频讲解。

知识锦囊 7-5

视频讲解 7-5

任务清单 7-6　平均投资报酬率法的应用

项目名称	内　　容
任务情景	某企业准备增加一条生产线，有一个投资方案，固定资产投资 50 000 元具体资料如下表所示。该企业希望达到的年平均投资报酬率为 12%，该企业期望投资报酬率是按利润与原始投资的比率确定的。试计算该方案年平均投资报酬率，并分析该方案的可行性。

续表

项目名称	内 容	
任务情景	年数	金额/元
	1	60 000
	2	75 000
	3	85 000
	4	80 000
	5	70 000
任务目标	应用平均投资报酬率法评价投资项目是否可行	
任务要求	根据任务情景,通过网络搜索和阅读知识锦囊,梳理并完成上述任务目标	
任务实施	1. 计算该方案年平均投资报酬率 2. 分析该方案的可行性	

续表

项目名称	内　　容
任务总结	完成了上述任务,你有哪些收获? 1. 思政方面 2. 知识能力方面
实施人员	
任务点评	

【知识链接】请扫码查看完成任务清单7-6的知识锦囊和视频讲解。

知识锦囊 7-6

视频讲解 7-6

任务清单7-7　净现值法的应用

项目名称	内　　容				
任务情景	1. 某企业进行一项固定资产投资,建设期为2年,生产经营期为5年,设定的折现率为10%,各年净现金流量如下表所示。试采用净现值法评价该投资方案是否可行。 单位:元				
	年数	投资额	年利润	年折旧	回收残值	年净现金流量
	0	30				－30
	1	20				－20
	2	0				0
	3		11	9		20
	4		13	9		22
	5		14	9		23

续表

项目名称	内 容					
任务情景	续表					
	年数	投资额	年利润	年折旧	回收残值	年净现金流量
	6		12	9		21
	7		10	9	5	24
	2. 某企业购置一条生产线,第1年年初购入安装完毕并投入生产。设定的折现率为9%,各年净现金流量如下表所示。试采用净现值法评价该方案是否可行。					
						单位:元
	年数	投资额	年利润	年折旧	回收残值	净现金流量
	0	200				−200
	1		32	38		70
	2		32	38		70
	3		32	38		70
	4		32	38		70
	5		32	38	10	80
任务目标	应用净现值法评价投资项目是否可行					
任务要求	根据任务情景,通过网络搜索和阅读知识锦囊,梳理并完成上述任务目标					
任务实施	1.(1) 折现的投资方案现金流量计算表					
	年数	年净现金流量/元		复利现值系数	折现的净现金流量/元	
	0			1		
	1			0.909		
	2			0.826		
	3			0.751		
	4			0.683		
	5			0.621		
	6			0.565		
	7			0.513		
	(2) 净现值					

续表

项目名称	内　　容
任务实施	(3) 结论 2. 用净现值法评价购置生产线方案是否可行 (1) 净现值 (2) 结论
任务总结	完成了上述任务,你有哪些收获? 1. 思政方面 2. 知识能力方面
实施人员	
任务点评	

【知识链接】请扫码查看完成任务清单 7-7 的知识锦囊和视频讲解。

知识锦囊 7-7

视频讲解 7-7

任务清单 7-8　现值指数法的应用

项目名称	内容					
任务情景	某企业进行一项固定资产投资,现有一个投资方案,该方案建设期为2年,生产经营期为6年,设定的折现率为8%,投资方案各年净现金流量如下表所示。试采用现值指数法评价该方案是否可行					
						单位:元
	年数	投资额	年利润	年折旧	回收残值	净现金流量
	0	600				-600
	1	400				-400
	2	0				0
	3		100	160		260
	4		110	160		270
	5		120	160		280
	6		110	160		270
	7		100	160		260
	8		100	160	40	300
任务目标	应用现值指数法评价投资项目是否可行					
任务要求	根据任务情景,通过网络搜索和阅读知识锦囊,梳理并完成上述任务目标					
任务实施	1. 折现的投资方案现金流量计算表					
	年数	年净现金流量/元		复利现值系数		折现的净现金流量/元	
	0			1			
	1			0.926			
	2			0.857			
	3			0.794			
	4			0.735			
	5			0.681			
	6			0.630			
	7			0.548			
	8			0.540			

续表

项目名称	内　　容
任务实施	2. 现值指数 3. 结论
任务总结	完成了上述任务,你有哪些收获? 1. 思政方面 2. 知识能力方面
实施人员	
任务点评	

【知识链接】请扫码查看完成任务清单7-8的知识锦囊和视频讲解。

知识锦囊 7-8

视频讲解 7-8

任务清单 7-9　内含报酬率法的应用

项目名称	内　　容
任务情景	1. A 企业进行一项固定资产投资,投资于建设起点一次投入,无建设期,生产经营期为 5 年,该投资来源于银行贷款,贷款年利息率 6%,每年计一次复利。该投资方案净现金流量如下表所示,试采用内含报酬率法做出方案取舍的决策。 | 年数	净现金流量/元
0	−8 000
1	2 000
2	2 000
3	2 000
4	2 000
5	2 000 | 2. B 企业进行一项固定资产投资,投资于建设起点一次投入,无建设期生产经营期为 8 年,该投资方案资金成本为 10%,各年净现金流量如下表所示。试用内含报酬率法做出方案取舍的决策。 | 年数	净现金流量/元
0	−1 500
1	327.5
2	327.5
3	327.5
4	327.5
5	327.5
6	327.5
7	327.5
8	327.5	
任务目标	应用内含报酬率法评价投资项目是否可行
任务要求	根据任务情景,通过网络搜索和阅读知识锦囊,梳理并完成上述任务目标
任务实施	1. 采用内含报酬率法做出 A 企业方案取舍的决策

续表

项目名称	内　　容
任务实施	2. 采用内含报酬率法做出 B 企业方案取舍的决策
任务总结	完成了上述任务，你有哪些收获？ 1. 思政方面 2. 知识能力方面
实施人员	
任务点评	

【知识链接】请扫码查看完成任务清单 7-9 的知识锦囊和视频讲解。

　知识锦囊 7-9　　　视频讲解 7-9

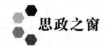

明规则、识风险、理性投资——尊师重道有方法　勿以"内幕"报师恩

资产重组、资产注入、收购资产等上市公司的重大投资行为和重大财产处置决定，往往被资本市场解读为重大利好消息。不少投资者喜欢打听此类消息，认为依靠这些所谓的"内幕消息"炒股就可以获得巨额收益。但实际上，内幕交易不仅未必能够盈利，内幕交易本身更是法律所禁止的行为。

某大学教授宋某就在一起内幕交易中付出了巨大代价。他根据自己以前的学生陈某掌握的内幕信息买股票，不但没有赚钱，反而亏损了41万余元，并且最终受到了证监会的严厉处罚。

陈某为G公司的并购重组项目做中介，宋某与陈某电话联系打听消息后，在公司股票停牌前，买入93.1万股G公司股票，价值约716.3万元。虽然宋某在G公司股票停牌之前就抢先"潜伏"进去，但万万没有想到的是，交易双方因未能在重要事项上达成一致意见，决定终止此次重组事项。由于市场所预期的重大重组事项不了了之，复牌后，该股票价格受挫，宋某卖出后，亏损41万余元。

尊师重道有方法，勿以"内幕"报师恩。师恩未报，却让老师赔了钱。不仅如此，宋某的行为还违反了《中华人民共和国证券法》关于禁止内幕交易行为规定，难逃法律的制裁。按照《证券法》第五十三条的规定，证券交易内幕信息的知情人和非法获取内幕信息的人，在内幕信息公开前，不得买卖该公司的证券，或者泄露该信息，或者建议他人买卖该证券。《最高人民法院、最高人民检察院关于办理内幕交易、泄露内幕信息刑事案件具体应用法律若干问题的解释》第二条也规定，在内幕信息敏感期内，与内幕信息知情人员联络、接触，从事或者明示、暗示他人从事，或者泄露内幕信息导致他人从事与该内幕信息有关的证券、期货交易，相关交易行为明显异常，且无正当理由或者正当信息来源的，属于非法获取证券、期货交易内幕信息的人员。根据《中华人民共和国证券法》第二百零二条的规定，宋某被处以60万元罚款和10年证券市场禁入措施。

这个故事告诉投资者，不要轻易相信有关人员所谓的"内幕信息"，更不要主动向有关人员打听此类消息。贸然买入此类股票，既有长时间停牌的风险，也有资产重组失败的风险。更为严重的是，此类对公司股票价格具有重大影响的"内幕信息"是不能提前泄露的，向内幕信息知情人打听此类信息，利用该信息买卖股票的行为本身就是违法行为，不管最终是否盈利都将受到法律的制裁。因此，投资者要特别注意"内幕消息"中蕴含的投资风险和法律风险，不要简单"听消息""听故事"就买入所谓资产重组的股票，更不能千方百计打听"内幕消息"进行内幕交易，还是应当坚持价值投资，树立正确的投资理念：真正的好股票不是所谓的"消息股""概念股"，而是那些具有创造良好业绩的能力、能够为投资者带来持续回报的公司的股票。

（资料来源："投资者保护·明规则、识风险、理性投资戊戌年"案例——尊师重道有方法　勿以"内幕"报师恩[EB/OL].[2018-04-11].https://www.csfunds.com.cn/c/2018-04-11/164556.shtml.）

 **项目小结**

1. 长期投资是指涉及投入大量资金,投资所获得报酬要在长时期内逐渐收回,能在较长时间内影响企业经营获利能力的投资。

2. 长期投资决策的基础有货币时间价值和现金流量。

3. 长期投资决策评价方法按照其主要经济评价指标是否按货币时间价值进行统一换算,可分为静态评价法和动态评价法两种。

4. 静态评价法是不考虑货币时间价值,而直接根据投资项目形成的现金流量计算指标,进行投资决策的一种方法,主要包括投资回收期法和投资报酬率法。

5. 动态评价法是指对投资项目形成的现金流量,按货币时间价值统一换算计算指标,进行投资决策的一种方法,主要包括净现值法、现值指数法和内含报酬率法。

6. 长期投资决策的评价方法在实际中主要用来解决以下主要问题:固定资产是否更新;固定资产投资是否增加;购置新设备是否可行;在资本限量情况下,如何选择最优投资组合等。

能力训练

一、单项选择题

1. 某企业欲购进一套新设备,要支付 400 万元,该设备的使用寿命为 4 年,无残值,采用直线法计提折旧。预计每年可产生税前净利润 140 万元,如果所得税税率为 40%,则回收期为(　　)年。
   A. 4.5　　　　B. 2.9　　　　C. 2.2　　　　D. 3.2

2. 当贴现率与内含报酬率相等时(　　)。
   A. 净现值小于零　B. 净现值等于零　C. 净现值大于零　D. 净现值不一定

3. 某企业准备新建一条生产线,预计各项支出如下:投资前费用 2 000 元,设备购置费用 8 000 元,设备安装费用 1 000 元,建筑工程费用 6 000 元,投产时需垫支营运资金 3 000 元,不可预见费按总支出的 5% 计算,则该生产线的投资总额为(　　)元。
   A. 20 000　　　B. 21 000　　　C. 17 000　　　D. 17 850

4. 下列不属于终结现金流量范畴的是(　　)。
   A. 固定资产折旧　　　　　　　　B. 固定资产残值收入
   C. 垫支流动资金的收回　　　　　D. 停止使用的土地的变价收入

5. 某投资项目原始投资为 12 万元,当年完工投产,有效期 3 年,每年可获得净现金流量 4.6 万元,则该项目内含报酬率为(　　)。
   A. 6.68%　　　B. 7.33%　　　C. 7.68%　　　D. 8.32%

6. 下列各项中,不影响项目内含报酬率的是(　　)。
   A. 投资项目的预期使用年限　　　B. 投资项目的营业现金流量

C. 企业要求的必要报酬率 D. 投资项目的初始投资额
7. 若净现值为负数,表明该投资项目(　　)。
  A. 投资报酬率小于零,不可行
  B. 为亏损项目,不可行
  C. 投资报酬率不一定小于零,有可能是可行方案
  D. 投资报酬率没有达到预定的贴现率,不可行
8. 某投资方案贴现率为18%时,净现值为−3.17万元;贴现率为16%时,净现值为6.12万元,则该方案的内含报酬率为(　　)。
  A. 14.68%　　　　B. 16.68%　　　　C. 17.32%　　　　D. 18.32%
9. 营业现金流量是指投资项目投入使用后,在其寿命周期内由于生产经营所带来的现金流入和现金流出的数量。这里的现金流出是指(　　)。
  A. 营业现金支出 B. 缴纳的税金
  C. 付现成本 D. 营业现金支出和缴纳的税金
10. 下列说法中不正确的是(　　)。
  A. 内部报酬率是能使未来现金流入量现值等于未来现金流出量现值的贴现率
  B. 内部报酬率是方案本身的投资报酬率
  C. 内部报酬率是使方案净现值等于零的贴现率
  D. 内部报酬率是使方案现值指数等于零的贴现率

二、计算题

1. MS 软件公司目前有 A、B 两个项目可供选择,其各年现金流量情况如下表所示。

年数	现金流量/元	
	项目 A	项目 B
0	−7 500	−5 000
1	4 000	2 500
2	3 500	1 200
3	1 500	3 000

(1) 若 MS 公司要求的项目资金必须在 2 年内收回,应选择哪个项目?
(2) MS 公司现在采用净现值法,设定折现率为 15%,应选择哪个项目?

2. 试计算下表中 A、B 两个项目的内含报酬率。

年数	现金流量/元	
	项目 A	项目 B
0	−2 000	−1 500
1	2 000	500
2	1 000	1 000
3	500	1 500

三、案例分析题

嘉华快餐公司在一家公园内租用了一间售货亭向游人出售快餐。快餐公司与公园签订的租赁合同的期限为3年,3年后售货亭作为临时建筑将被拆除。经过一个月的试营业后,快餐公司发现,每天的午饭和晚饭时间,来买快餐的游客很多,但是因为售货亭很小,只有一个售货窗口,所以顾客不得不排起长队,有些顾客因此而离开。为了解决这一问题,嘉华快餐公司设计了四种不同的方案,试图增加销售量,从而增加利润。

方案一:改装售货亭,增加窗口。这一方案要求对现有售货亭进行大幅度的改造,所以初始投资较多,但是因为增加窗口吸引了更多的顾客,所以收入也会相应增加较多。

方案二:在现有售货窗口的基础上更新设备,提高每份快餐的供应速度,缩短供应时间。

以上两个方案并不互斥,可以同时选择。但是,以下两个方案则要放弃现有的售货亭。

方案三:建造一个新的售货亭。此方案需要将现有的售货亭拆掉,在原来的地方建一个面积更大、售货窗口更多的售货亭。此方案的投资需求最大,预期增加的收入也最多。

方案四:在公园内租一间更大的售货亭。此方案的初始支出是新售货亭的装修费用,以后每年的增量现金流出是当年的租金支出净额。

嘉华快餐公司可用于这项投资的资金需要从银行借入,资金成本为15%,与各个方案有关的现金流量如下表所示。

四个方案的预计现金流量 单位:元

方 案	投资额	第1年利润	第2年利润	第3年利润
增加售货窗口	−75 000	44 000	44 000	44 000
更新现有设备	−50 000	23 000	23 000	23 000
建造新的售货亭	−125 000	70 000	70 000	70 000
租赁更大的售货亭	−10 000	12 000	13 000	14 000

(1)如果运用内含报酬率法,嘉华快餐公司应该选择哪个方案?

(2)如果运用净现值法,嘉华快餐公司应该选择哪个方案?

(3)如何解释用内含报酬率法和净现值法进行决策时所得到的不同结论?哪个指标更好?

训练笔记

项目工作成果评价

评价指标		权重	评价等级及分值			得分		
			A(3分)	C(2分)	D(1分)	自评	互评	师评
项目工作完成态度		20%	态度非常积极,能主动参与或组织活动	具备基本的工作态度,能参与活动	没有具备基本的工作态度,有时不能参与活动			
			与小组同学合作良好	基本能与小组同学合作	与小组同学合作不太好			
			认真、善始善终完成项目	还算认真,基本能善始善终完成项目	随便,有时不能善始善终完成项目			
			能主动查阅全部相关资料	能查阅一些相关资料	偶尔能查阅一些相关资料			
专业能力	认知长期投资	20%	熟练掌握认知长期投资的基本内容	基本掌握长期投资的基本内容	部分掌握长期投资基本内容的认知			
			熟练正确计算货币时间价值	基本可以计算出货币时间价值	部分掌握货币时间价值的计算			
			熟练正确计算复利终值、复利现值、年金终值、年金现值	基本掌握如何计算复利终值、复利现值、年金终值、年金现值	部分掌握复利终值、复利现值、年金终值、年金现值的计算			
	估算现金流量	10%	熟练正确计算现金流量	基本能够正确计算现金流量	能够部分计算现金流量			
	制定长期投资决策	20%	熟练正确应用投资回收期法制定长期投资决策	基本能够应用投资回收期法制定长期投资决策	能够部分应用投资回收期法制定长期投资决策			
			熟练正确应用平均投资报酬率法制定长期投资决策	基本能够应用平均投资报酬率法制定长期投资决策	能够部分应用平均投资报酬率法制定长期投资决策			
			熟练正确应用净现值法制定长期投资决策	基本能够应用净现值法制定长期投资决策	能够部分应用净现值法制定长期投资决策			
			熟练正确应用现值指数法制定长期投资决策	基本能够应用现值指数法制定长期投资决策	能够部分应用现值指数法制定长期投资决策			
			熟练正确应用内含报酬率法制定长期投资决策	基本能够应用内含报酬率法制定长期投资决策	能够部分应用内含报酬率法制定长期投资决策			

续表

评价指标		权重	评价等级及分值			得分		
			A(3分)	C(2分)	D(1分)	自评	互评	师评
专业能力	职业道德思想意识	30%	完全做到遵守职业道德	基本做到遵守职业道德	能够部分做到遵守职业道德			
小　计								
本项目成绩(平均分)								

全面预算

项目8
Xiangmu 8

五阳煤矿全方位推进全面预算管理

五阳煤矿是一对大型现代化生产矿井，位于山西省长治市襄垣县王桥镇境内。现有固定资产4.3亿元。五阳煤矿以精益思想指导下的"算账"文化为引领，坚持系统思维，全员、全过程、全方位推进全面预算管理，力求以最少的人、最低的消耗、最快的速度、最好的质量达到最大的效益。

该矿强化顶层设计和过程管控，将全面预算管理作为"一把手"工程，以"干前算、定政策，干中算、看变化，干后算、要结果"三个环节为抓手，按照"目标引领、部门协调、归口审核、综合平衡"的原则，以年度生产任务、销售预算为起点，产销衔接，统筹安排，各部门预算相辅相成，密切关联，前后衔接，建立全面预算指标体系。将年度预算细化形成月度资金计划，对人财物和产运销实行全面预算管理，把预算分类细化到系统、板块、项目，逐级划小控制单元；通过对近年来的数据进行采集整理，并对历史最好值、行业标杆值进行比对分析，确立目标值和管控措施；强化全面预算工作的统筹指导、组织、整体推进、监督落实等工作，实现覆盖安全生产经营工作的全方位、全层级、全过程，确保全面预算管理的科学合理实施。

在推进全面预算管理中，把全面预算管理和分配激励、追责问责紧密结合，把预算执行情况纳入专业检查、效能监察、审计监督范畴，对全面预算管理制度体系建设、预算编制质量、指标分解落实情况、考核评价及结果运用情况等工作进行定期、不定期的督导检查，查找预算管理各个环节存在的问题与不足，及时准确反映预算执行情况，纠正预算执行过程中出现的各类偏差，最大限度发挥经营管理优势，提升预算管理效率，提高预算管控能力，助推矿井的高质量发展。

（资料来源：黄河新闻网长治频道. 五阳煤矿全方位推进全面预算管理[EB/OL]. [2022-03-15]. https://baijiahao.baidu.com/s?id=1727377982114545311&wfr=spider&for=pc.）

课程思政

- 直面财务风险,加强财务预算表编制过程中的风险意识。
- 通过预算报表编制,引导学生学习马克思主义哲学,深刻认识整体决定部分,部分影响整体的原理。

知识目标

- 理解全面预算的含义和作用。
- 掌握全面预算的编制方法及优缺点。

能力目标

- 能够简述全面预算的流程和内容。
- 能够利用企业资料编制全面预算。
- 能够结合企业经营活动的特点,帮助企业选择合理科学的预算编制方法。

素质目标

- 培养良好的沟通能力、严谨的职业态度、规范的操作意识。
- 培养灵活运用理论知识的能力。
- 培养战略思维和把握市场的能力。

任务1 认识全面预算

任务清单8-1 认识全面预算基本内容

项目名称	内　　容
任务情景	在企业中,老板和员工常常各有烦恼。 员工甲:这几年感觉特别累,老板交办一些事,因为他时间有限,只说了个大概。我去做了几天,向老板一汇报,发现和老板想要的不一样,又要重新做。挨一顿训不说,事情还给耽误了。 员工乙:感觉老板的想法变化很快,有些事情我们都跟不上。是按他当初的想法做的,但汇报的时候,他可能已经变了,也能理解是环境变化太快,但总这样效率很低,没有成就感。 老板甲:这几年感觉特别累,我的企业这几年发展慢,就是因为员工的执行力出了问题。我有很多想法,可员工接不住。

续表

项目名称	内　　容
任务情景	老板乙：有些事情，我已经给员工说得很明白了，可他还是不会做。上次的一个业务机会，员工又没有做成。不是我不相信他们，但确实有很多事都不敢交给他们办，执行力不行。 这些问题的根源在于企业没有做好全面预算，没有清晰的目标和明确的要求，员工和老板之间的沟通和执行出现了问题。什么是全面预算？它在企业中有什么作用
任务目标	理解全面预算的含义和作用
任务要求	根据任务情景，通过网络搜索和阅读知识锦囊，梳理并完成上述任务目标
任务实施	1. 全面预算的含义 2. 全面预算的作用
任务总结	完成了上述任务，你有哪些收获？ 1. 思政方面

续表

项目名称	内　容
任务总结	2. 知识能力方面
实施人员	
任务点评	

【知识链接】请扫码查看完成任务清单 8-1 的知识锦囊。

知识锦囊 8-1

任务清单 8-2　认识全面预算的常用方法

项目名称	内　容
任务情景	某建设公司在每年的 11 月底开始做预算，因为时间很紧张，都是由财务人员与老板来编制。两人共同商讨每个部门需要进一步控制的成本，形成部门的费用预算限额，再由老板预估下一年度的营业收入增长率。由财务人员最后编定财务预算书，交由各部门执行。 在这种模式下，各部门只能被动接受下一年度的预算费用总额，并想办法尽量多争取资源，到年底将没用完的资源全部用完，若资源不够用就减少运作甚至不再运作。也就是说，各部门都是企业中被动的执行者，因为他们没有参与企业规划，只是被要求在限额中做事。 这是"不如不做"型的预算编制法。经营者并不清楚各部门具体的作业活动，只能限定它们的成本费用，结果导致各部门竞相争取资源、浪费资源，对企业发展没有多少实质性的意义。预算应该是全员参与的，应该让每个人都知道自己下一年度的工作目标。经营者要通过一定的方式方法将战略分解为每个部门、每个人的工作职责，细化为绩效指标，这样的预算才能真正起作用。 常用的预算编制方法有哪些
任务目标	掌握固定预算与弹性预算、定期预算与零基预算、定期预算与滚动预算等常用的预算编制方法及优缺点

续表

项目名称	内容
任务要求	根据任务情景,通过网络搜索和阅读知识锦囊,梳理并完成上述任务目标
任务实施	1. 固定预算与弹性预算的含义及优缺点 2. 增量预算与零基预算的含义及优缺点 3. 定期预算与滚动预算的含义及优缺点
任务总结	完成了上述任务,你有哪些收获? 1. 思政方面

续表

项目名称	内　　容
任务总结	2. 知识能力方面
实施人员	
任务点评	

【知识链接】请扫码查看完成任务清单 8-2 的知识锦囊。

知识锦囊 8-2

任务 2　编制全面预算

任务清单 8-3　编制企业全面预算体系

项目名称	内　　容
任务情景	天宇公司预计 2024 年销售产品 9 000 件，其中前三个季度销量均为 2 000 件，第 4 季度销量为 3 000 件，销售单价为 180 元/件。每季度的产品销售当季度收到的货款占 70%，其余 30% 下一季度收讫。2022 年年末的应收账款余额为 100 000 元。每季度季末的产成品存货为下一季度销售量的 5%，第 4 季度预计产成品期末存货为 120 件。预算年度第 1 季度的期初存货为 80 件。上一季度季末的期末存货即本季度的期初存货。单位产品的材料用量是 10 千克，每千克单价 5 元。季末预计的材料存货占下一季度生产需要量的 5%，年末预计的材料存货为 1 020 件，年初预计的材料存货为 900 件。各季度预计的期初存货即上季度季末预计的期末存货。季度的材料采购额中 60% 应于当期支付现金，其余 40% 可于下一季度支付现金。本预算期的应付账款期初余额

续表

项目名称	内 容
任务情景	为60 000元。生产单位需5个直接人工小时,工资率为12元/小时,根据生产量和单位产品耗用人工小时可以编制出直接人工预算表。变动制造费用分配率为2元/小时。固定制造费用的预算为每季度50 000元,其中折旧为20 000元。变动的销售和管理费用与销售量相关,销售和管理费用的变动费率为5元/件,固定的销售和管理费用每季度都是15 000元,这些费用全部现金支付。 天宇公司根据长期投资决策的结果,预算年度的资本性支出为105 000元其中第2季度购置一台设备支出100 000元,第4季度购买专利支出5 000元。公司财务部门根据资本支出预算的编制,第2季度偿还短期借款41 700元,第2季度从银行借入款项30 000元,预计在第3季度偿还全部借款50 000元和利息2 500元,另外,预计预算期间每季度末预付所得税15 000元,全年60 000元。 要求:编制以下的全面预算。 1. 销售预算表和预计现金收入表 2. 生产预算表 3. 直接材料预算表和预计现金支出表 4. 人工预算表 5. 制造费用预算和预计现金支出表 6. 产品成本预算表 7. 销售及管理费用预算表和预计现金支出表 8. 资本支出预算表 9. 一次性专门业务预算表 10. 现金预算表 11. 预计资产负债表 12. 预计利润表
任务目标	掌握全面预算的编制方法
任务要求	根据任务情景,通过网络搜索和阅读知识锦囊,梳理并完成上述任务目标
任务实施	1. 销售预算表和预计现金收入表 2. 生产预算表

续表

项目名称	内　　容
任务实施	3. 直接材料预算表和预计现金支出表 4. 人工预算表 5. 制造费用预算和预计现金支出表 6. 产品成本预算表

续表

项目名称	内　容
任务实施	7. 销售及管理费用预算表和预计现金支出表 8. 资本支出预算表 9. 一次性专门业务预算表 10. 现金预算表 11. 预计资产负债表

续表

项目名称	内　　容
任务实施	12. 预计利润表
任务总结	完成了上述任务,你有哪些收获? 1. 思政方面 2. 知识能力方面
实施人员	
任务点评	

【知识链接】请扫码查看完成任务清单8-3的知识锦囊和视频讲解。

知识锦囊8-3　　视频讲解8-3

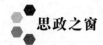

全面预算管理对财务人员的要求

（一）实事求是，遵守职业道德

企业在进行全面预算管理的时候，一定要保证数据信息的准确性和真实性，这是使财务管理工作得以继续进行的关键所在。因此，财务人员一定要实事求是，遵守职业道德，不要为了谋取私利而编制虚假的会计信息，也不能根据自己的主观意愿随意添加或者删除数据信息。如果财务人员缺乏职业意识，不能将正确的财务信息公开处理，那么全面预算工作便失去了真实性，由此会出现资源浪费的情况，阻碍企业的综合发展。

（二）主动学习，具备学习能力

在会计准则趋于完善的过程中，社会上的各个领域也在发展，所以企业财务人员要主动学习，适应社会变革的要求。财务人员只有掌握到更多的财务知识，才能扩宽自身的认知面，为企业全面预算管理奠定坚实的基础。在对一些预算结果进行比较和分析的时候，主动发现其中存在的缺陷，及时修改预算方案，减少企业在经营中出现的成本损失。

项目小结

1. 全面预算是管理会计的控制依据，它既是有效从事生产经营活动的前提，又是企业经营决策的继续和延伸。预算的编制方法有固定预算、弹性预算、增量预算、零基预算、定期预算和滚动预算。

2. 全面预算在企业在战略目标的指导下，以销售预算为编制起点，对未来的经营活动和相应财务结果进行充分、全面的预测和筹划，并通过对执行过程的监控，将实际完成情况与预算目标不断对照和分析，及时指导经营活动的改善和调整，以帮助管理者更加有效地管理企业和最大限度地实现战略目标。全面预算包括业务预算、专门决策预算和财务预算。

能力训练

一、单项选择题

1. 投资敏感性分析的结论表明，下列各项中其变动只能影响净现值而不会影响内含收益率指标的因素是（　　）。

　　A. 售价　　　　　　　　　　B. 销售量
　　C. 经营成本　　　　　　　　D. 基准折现率

2. 在管理会计中，用于概括与企业日常业务直接相关、具有实质性的基本活动的一系列预算的概念是（　　）。
  A. 专门决策预算　　　　　　　　　B. 业务预算
  C. 财务预算　　　　　　　　　　　D. 销售预算

3. 现金预算属于下列项目中的（　　）。
  A. 业务预算　　　　　　　　　　　B. 生产预算
  C. 专门决策预算　　　　　　　　　D. 财务预算

4. 在编制制造费用预算时,计算现金支出应剔除的项目是（　　）。
  A. 间接材料　　　　　　　　　　　B. 间接人工
  C. 管理人员工资　　　　　　　　　D. 折旧费

5. 在下列预算中,其编制程序与存货的计价方法密切相关的是（　　）。
  A. 产品成本预算　　　　　　　　　B. 制造费用预算
  C. 销售预算　　　　　　　　　　　D. 生产预算

6. 下列项目中,可以总括反映企业在预算期间盈利能力的预算是（　　）。
  A. 专门决策预算　　　　　　　　　B. 现金预算
  C. 预计利润表　　　　　　　　　　D. 预计资产负债表

7. 下列项目中,能够克服固定预算方法缺点的是（　　）。
  A. 固定预算　　　　　　　　　　　B. 弹性预算
  C. 滚动预算　　　　　　　　　　　D. 零基预算

8. 下列各项中,属于零基预算编制程序第一步的是（　　）。
  A. 提出预算期内各种活动内容及费用开支方案
  B. 对方案进行成本—效益分析
  C. 择优安排项目,分配预算资金
  D. 收集历史资料

9. 下列各项中,能够揭示滚动预算基本特点的表述是（　　）。
  A. 预算期相对固定的　　　　　　　B. 预算期是连续不断的
  C. 预算期与会计年度一致　　　　　D. 预算期不可随意变动

10. 下列各项中,属于编制全面预算的关键和起点的是（　　）。
  A. 直接材料预算　　　　　　　　　B. 直接人工预算
  C. 生产预算　　　　　　　　　　　D. 销售预算

11. 下列各项中,只涉及实物计量单位而不涉及价值计量单位的预算是（　　）。
  A. 销售预算　　　　　　　　　　　B. 生产预算
  C. 专门决策预算　　　　　　　　　D. 财务预算

12. 下列项目中,能够克服固定预算方法缺点的是（　　）。
  A. 固定预算　　　　　　　　　　　B. 弹性预算
  C. 滚动预算　　　　　　　　　　　D. 零基预算

13. 下列各项中,不属于传统预算方法的是（　　）。
  A. 固定预算　　　　　　　　　　　B. 弹性预算
  C. 增量预算　　　　　　　　　　　D. 定期预算

14. 编制弹性成本预算的关键在于(　　)。
    A. 分解制造费用
    B. 确定材料标准耗用量
    C. 选择业务量计量单位
    D. 将所有成本划分为固定成本与变动成本两大类
15. 编制零基预算的出发点是(　　)。
    A. 基期的费用水平
    B. 历史上费用的最好水平
    C. 国内外同行业费用水平
    D. 零
16. 编制经营预算与财务预算的期间通常是(　　)。
    A. 1个月　　　　　　　　　　B. 1个季度
    C. 半年　　　　　　　　　　 D. 1年

二、多项选择题

1. 投资敏感性分析的具体假定包括(　　)。
   A. 多个关键指标的假定　　　　B. 有限因素的假定
   C. 因素单独变动的假定　　　　D. 10%变动幅度的假定
   E. 不利变动方向的假定
2. 在下列各项中,属于全面预算体系构成内容的有(　　)。
   A. 业务预算　　　　　　　　　B. 财务预算
   C. 专门决策预算　　　　　　　D. 零基预算
   E. 滚动预算
3. 在下列各项中,属于专门决策预算内容的有(　　)。
   A. 经营决策预算　　　　　　　B. 预计利润表
   C. 预计资产负债表　　　　　　D. 投资决策预算
   E. 销售预算
4. 下列各项中,属于产品成本预算编制基础的有(　　)。
   A. 销售预算　　　　　　　　　B. 生产预算
   C. 直接材料采购预算　　　　　D. 直接人工预算
   E. 制造费用预算
5. 编制直接人工预算需要考虑的因素有(　　)。
   A. 基期生产量　　　　　　　　B. 生产预算中的预计生产量
   C. 预计销售量　　　　　　　　D. 标准单位直接人工工时
   E. 标准工资率
6. 期末存货预算的编制依据有(　　)。
   A. 预计销售量　　　　　　　　B. 期末产成品存货成本预算额
   C. 原材料期末存货成本预算额　D. 在产品存货成本预算额
   E. 预计生产量

7. 下列各项中,属于全面预算作用的是( )。
   A. 明确工作目标　　　　　　　　B. 协调部门关系
   C. 开展日常活动　　　　　　　　D. 考核业绩标准
   E. 巩固部门成绩

8. 专门决策预算是指企业不经常发生的、需要根据特定决策临时编制的一次性预算,主要有( )。
   A. 生产预算　　　　　　　　　　B. 制造费用预算
   C. 经营决策预算　　　　　　　　D. 投资决策预算
   E. 现金预算

9. 编制生产预算时需要考虑的因素有( )。
   A. 基期生产量　　　　　　　　　B. 基期销售量
   C. 预算期预计销售量　　　　　　D. 预算期预计期初存货量
   E. 预算期预计期末存货量

10. 下列各项中,属于定期预算缺点的有( )。
    A. 盲目性　　　　　　　　　　　B. 滞后性
    C. 复杂性　　　　　　　　　　　D. 间断性
    E. 随意性

11. 下列各项中,属于为克服传统预算方法的缺点而设计的先进预算方法有( )。
    A. 固定预算　　　　　　　　　　B. 弹性预算
    C. 滚动预算　　　　　　　　　　D. 零基预算
    E. 定期预算

12. 销售及管理费用预算编制的主要依据是( )。
    A. 预算期生产量　　　　　　　　B. 预算期销售量
    C. 单位产品变动性标准费用额　　D. 有关标准耗用量
    E. 有关标准价格

13. 下列各项中,能够为编制预计利润表提供信息来源的有( )。
    A. 销售预算　　　　　　　　　　B. 产品成本预算
    C. 销售及管理费用预算　　　　　D. 制造费用预算
    E. 专门决策预算

14. 弹性预算的优点是( )。
    A. 适应范围广　　　　　　　　　B. 使用时期长
    C. 各预算期预算相互衔接　　　　D. 避免重复编制预算
    E. 不受基期数影响

三、判断题

1. 销售预算是以生产预算为依据编制的。 ( )
2. 在实务中,企业不需要每年都按零基预算方法来编制预算,而是每隔几年才按此方法编制一次预算。 ( )

3. 编制预算的方法按其业务量基础的数量特征不同,可分固定预算和弹性预算两大类。（　　）

4. 预计资产负债表和预计利润表构成了整个财务预算。（　　）

5. 全面预算是指为企业供、产、销及管理活动所编制的,反映企业收入与费用构成情况的预算。（　　）

6. 在编制生产预算时,应考虑产成品期初期末存货水平。（　　）

7. 预计生产量＝预计销售量＋预计期初存货量－预计期末存货量。（　　）

四、计算题

A 公司 2024 年度前 6 个月的预计销售量如下。

月　份	1	2	3	4	5	6
预计销售量/千克	3 000	3 600	3 800	5 000	3 800	4 000

该公司只生产这一种产品,单位产品材料用量为 4 千克。此外,该公司采取下列政策:期末存货水平为随后两个月预计销售量的 50%,月末原材料存货量保持在次月预计生产需用量的 150%。2023 年 12 月 31 日的所有存货也反映了这种政策。

要求:

(1) 编制 2024 年 1—4 月的生产预算。

(2) 编制 2024 年 1—3 月的直接材料预算。

训练笔记

项目工作成果评价

评价指标		权重	评价等级及分值			得分		
			A(3分)	C(2分)	D(1分)	自评	互评	师评
项目工作完成态度		20%	态度非常积极,能主动参与或组织活动	具备基本的工作态度,能参与活动	没有具备基本的工作态度,有时不能参与活动			
			与小组同学合作良好	基本能与小组同学合作	与小组同学合作不太好			
			认真、善始善终完成项目	还算认真,基本能善始善终完成项目	随便,有时不能善始善终完成项目			
			能主动查阅全部相关资料	能查阅一些相关资料	偶尔能查阅一些相关资料			
专业能力	认知全面预算	20%	熟练掌握认知全面预算基本内容	基本掌握全面预算基本内容	部分掌握全面预算基本内容			
			熟练正确应用常用预算编制方法	基本可以正确应用常用预算编制方法	部分掌握如何正确应用常用预算编制方法			
	编制全面预算	40%	熟练正确编制全面预算	基本能够正确编制全面预算	能够部分正确编制全面预算			
	职业道德思想意识	20%	完全做到遵守职业道德	基本做到遵守职业道德	能够部分做到遵守职业道德			
小　计								
本项目成绩(平均分)								

标准成本制度

情景引例

早在 20 世纪 70 年代末,我国就引进了标准成本管理的理论,但在实务中的操作性较差。这主要是因为,标准成本的基本要求是产品结构合理,单位消耗科学,单价合理,这就要求标准成本的制定需要掌握丰富的基础资料,这些资料的取得对企业的管理基础有较高的要求,并需要对行业、市场和历史数据进行全面分析,通常还需技术测定的帮助。而当时我国企业因为发展阶段、经济环境、观念认识等多方面因素的影响,管理基础大多比较薄弱,多数企业的财务会计系统不支持标准成本法,会计工作与技术测定相结合也比较困难。因此,在我国企业的推广实践中困难重重。企业在应用标准成本法的问题上缺乏主动性,过分强调了成本核算的职能,而成本的管理职能重视不够。

近年来,由于市场经济体制的迫切需要,我国的一些现代化的大企业,主要是传统制造业企业,尝试将标准成本管理成功付诸实践,在企业降本增效方面发挥了很大的作用,涌现出如宝钢、鞍钢、国投、国家电网等一批具有示范意义的标准成本法实践企业。

作为我国早期尝试实施标准成本法的大型企业,宝钢自 1996 年开始推行标准成本管理,凭借其在建厂初期就开始推行的标准化作业管理模式、作业长制和计划值管理,以及较为领先的信息化系统的支持,在实践中大获成功。

制定成本中心,是宝钢推行标准成本的第一步。宝钢将某种产品在生产过程中经过的、有投入和产出的单元都定为成本中心,并按单元规模将这些成本中心分级,按照功能将这些成本中心分类。由此,宝钢可以按照等级衡量成本中心的绩效,又可以根据功能差别,进行恰当的成本衡量和控制。通过制定成本中心,宝钢有效地控制了成本的流程,并以合理的方式分摊全部成本。

针对各个成本中心的明细产品,宝钢综合考虑市场形势、同行业标杆企业的水平以及企业内部情况等多种因素,按照"自上而下"和"自下而上"相结合的过程,组织所有员工参与并制定完成了基本标准和价格标准两部分成本标准。通过对原料投入和消耗标准、时间消耗标准和各项费用标准的制定,计算各个产品和各类劳务的单位标准成本。各个部门严格按照制定的标准、采取恰当的措施进行生产和成本控制。

最后,宝钢各个部门需要实时收集和记录实际成本,并对照成本标准目标进行差异分析,找出差异原因,并据此修订成本标准,或者对生产操作或管理进行改进。

(资料来源:管理会计研究.标准成本法的中国实践[EB/OL].[2020-05-06].https://www.china-mas.cn/gd/list/205.)

课程思政

- 培养社会主义核心价值观:公平、敬业、诚信。
- 培养勤俭节约、控制费用支出的态度。

知识目标

- 理解标准成本的含义、分类及作用。
- 掌握标准成本制度的制定方法。
- 掌握成本差异的计算与分析。
- 掌握作业成本法的基本原理。

能力目标

- 能够简述标准成本的含义。
- 能够对企业标准成本制度的制定做出方案或建议。
- 能够对产生的差异进行计算,并分析其原因,给出改进建议。
- 能够应用作业成本法计算企业成本费用。

素质目标

- 培养遵守会计法规、热爱工作、遵守职业道德的态度。
- 培养学习能力和适应能力。
- 培养客观公正的职业操守。

任务 1 认识标准成本系统

任务清单 9-1 认识标准成本系统

项目名称	内容
任务情景	成本是企业重要的管理内容,对成本进行合理科学的管理和控制是每个企业的重要工作。在管理会计中,有不同于财务会计的成本管理方法,这种方法就

续表

项目名称	内　　容
任务情景	是标准成本法。标准成本如何界定？如何分类？有什么作用
任务目标	理解标准成本的含义、分类及作用
任务要求	根据任务情景，通过网络搜索和阅读知识锦囊，梳理并完成上述任务目标
任务实施	1. 标准成本的含义 2. 标准成本的分类 3. 标准成本的作用
任务总结	完成了上述任务，你有哪些收获？ 1. 思政方面

续表

项目名称	内容
任务总结	2. 知识能力方面
实施人员	
任务点评	

【知识链接】请扫码查看完成任务清单 9-1 的知识锦囊。

知识锦囊 9-1

任务 2　制定标准成本

任务清单 9-2　制定标准成本

项目名称	内容		
任务情景	1. 南方公司生产某种产品的主要原材料的耗用量标准和价格标准如下表所示。试计算该产品直接材料的标准成本。		
	标　准		甲材料
	单位产品用量标准：		
	主要材料用量		10
	辅助材料用量/千克		5
	必要损耗/千克		1
	价格标准：		
	预计发票价格/(元/千克)		6
	检验费/(元/千克)		1
	正常损耗/(元/千克)		1

续表

项目名称	内容
任务情景	2. 南方公司生产某种产品的直接人工用量标准和价格标准如下表所示。试计算该产品直接人工的标准成本。 | 标　准	甲材料
标准工资率：	
每月总工时/小时	4 000
每月工资总额/元	2 000
单位产品工时标准：	
理想作业时间/小时	1.2
调整设备时间/小时	0.6
工作休息/小时	0.2 | 3. 南方公司生产某种产品的制造费用标准成本如下表所示。试计算该产品制造费用的标准成本。 | 项　目	标　准
月标准总工时/小时	24 000
标准变动制造费用总额/元	48 000
标准变动制造费用分配率	
单位产品工时标准/小时	0.8
变动制造费用标准成本	
标准固定制造费用总额/元	528 000
标准固定制造费用分配率	
固定制造费用标准成本	
单位产品制造费用标准成本	| 4. 编制南方公司产品标准成本卡
任务目标	准确制定产品的标准成本
任务要求	根据任务情景，通过网络搜索和阅读知识锦囊，梳理并完成上述任务目标
任务实施	1. 产品直接材料的标准成本 2. 产品直接人工的标准成本

续表

项目名称	内 容
任务实施	3. 产品制造费用的标准成本 4. 产品标准成本卡
任务总结	完成了上述任务,你有哪些收获? 1. 思政方面 2. 知识能力方面
实施人员	
任务点评	

【知识链接】请扫码查看完成任务清单 9-2 的知识锦囊和视频讲解。

知识锦囊 9-2　　视频讲解 9-2

任务3 计算分析成本差异

任务清单9-3 计算分析成本差异

项目名称	内容
任务情景	1. 天宇公司甲产品本月实际产量为160件,各成本项目的用量及价格标准如下表单位产品标准成本卡所示,其中:A材料消耗定额为9千克,标准价格为30元/千克,实际单价为30.5元;B材料消耗定额为3千克,标准价格为60元/千克,实际单价为59.5元。实际耗用A材料1 600千克,B材料475千克,试计算和分析直接材料的标准成本差异。 **甲单位产品标准成本卡** | 成本项目	用量标准	价格标准	标准成本/(元/件)
---	---	---	---
直接材料			
材料A	9千克/件	30元/千克	270
材料B	3千克/件	60元/千克	180
小计			450
直接人工	5小时	7元/小时	35
变动制造费用	5小时	4.5元/小时	22.5
固定制造费用	5小时	6元/小时	30
标准成本合计			537.5	 2. 天宇公司生产甲产品实际产量为160件,甲产品的直接人工标准工时为每件5小时,标准工资率为7元/小时。实际耗用的工时为700小时,实际工资率为8元,试计算和分析直接人工标准成本差异。 3. 天宇公司生产甲产品实际产量为160件,各成本项目的用量及价格标准如单位产品标准成本卡所示,本月甲产品实际发生的变动制造费用为4 200元,标准制造费用分配率为4.5元/小时,试计算和分析变动制造费用标准成本差异。 4. 天宇公司本月甲产品计划产量为170件,实际固定制造费用为5 600元,标准费用分配率为6元。试用两差异法和三差异法计算和分析固定制造费用标准成本差异
任务目标	应用标准成本法计算分析成本差异
任务要求	根据任务情景,通过网络搜索和阅读知识锦囊,梳理并完成上述任务目标
任务实施	1. 直接材料标准成本差异

续表

项目名称	内　　容
任务实施	2. 直接人工标准成本差异 3. 变动制造费用标准成本差异 4. 固定制造费用标准成本差异

续表

项目名称	内　　容
任务总结	完成了上述任务，你有哪些收获？ 1. 思政方面 2. 知识能力方面
实施人员	
任务点评	

【知识链接】请扫码查看完成任务清单 9-3 的知识锦囊和视频讲解。

知识锦囊 9-3

视频讲解 9-3

任务 4　应用作业成本法

任务清单 9-4　应用作业成本法

项目名称	内容
任务情景	天宇公司生产 A、B、C 三种产品。A、B 产品均为多年生产的常规产品,公司每年销售 A 产品 20 000 件,每年销售 B 产品 40 000 件;C 产品属新开发产品,每年销售 4 000 件。公司设有一个生产车间,主要工序包括零部件排序准备、自动插件、手工插件、压焊、技术冲洗及烘干、质量检验和包装。原材料和零部件均为外购。由于制造费用构成较复杂,且金额较多,所以天宇公司启用标准成本法计算产品成本,将生产过程中各项作业分为 8 个作业中心(即将全部制造费用划分为 8 个作业成本库)。相关资料如下。 **A、B、C 产品的相关成本资料** | 项　目	A 产品	B 产品	C 产品	合　计
---	---	---	---	---
产量/件	20 000	40 000	4 000	—
直接材料/元	360 000	600 000	96 000	1 056 000
直接人工/元	120 000	240 000	36 000	396 000
制造费用/元				1 320 000
年直接人工工时/小时	9 000	23 000	1 000	33 000 | **依据成本库归集的制造费用** | 制造费用项目	数额/元
产品装配	120 000
材料采购	200 000
材料处理及设备折旧	220 000
生产准备	120 000
产品检验	160 000
产品包装	130 000
小　计	950 000
工厂管理:	
管理人员工资	100 000
办公费等	60 000
小　计	160 000	

150

续表

项目名称	内 容

<table>
<tr><td colspan="2" align="right">续表</td></tr>
<tr><td>制造费用项目</td><td>数额/元</td></tr>
<tr><td>其他制造费用</td><td></td></tr>
<tr><td>照明及采暖费用</td><td>50 000</td></tr>
<tr><td>房屋建筑物折旧</td><td>160 000</td></tr>
<tr><td>小　计</td><td>210 000</td></tr>
<tr><td>合　计</td><td>1 320 000</td></tr>
</table>

各作业成本库的成本动因

作业	成本动因	作业量			
		A产品	B产品	C产品	合计
产品装配（产品作业）	机器小时/小时	2 000	3 000	2 000	7 000
材料采购（产品作业）	订单数量/张	200	400	800	1 400
材料处理及设备折旧（批次作业）	材料移动/次	400	120	400	920
生产准备（批次作业）	准备次数/次	40	20	200	260
产品检验（批次作业）	检验小时/小时	1 000	600	2 000	3 600
产品包装（产品作业）	包装次数/次	75	50	200	325
工厂管理（维持作业）	直接人工/小时	9 000	23 000	2 000	34 000
其他制造费用（维持作业）	机器小时/小时	2 000	3 000	2 000	7 000

要求：用作业成本法计算 A、B、C产品应分配的制造费用金额及其单位成本

任务目标	应用作业成本法计算企业成本
任务要求	根据任务情景，通过网络搜索和阅读知识锦囊，梳理并完成上述任务目标
任务实施	1. 计算单位作业成本

续表

项目名称	内　容
	2. 将作业成本库的制造费用按单位作业成本分配到各产品
任务实施	3. 计算单位产品成本

续表

项目名称	内　　容
任务总结	完成了上述任务,你有哪些收获? 1. 思政方面 2. 知识能力方面
实施人员	
任务点评	

【知识链接】请扫码查看完成任务清单9-4的知识锦囊。

知识锦囊 9-4

思政之窗

节约每个铜板为着战争和革命事业

"节约每个铜板为着战争和革命事业",这是苏区军民提出的一句响亮的口号,艰苦奋斗、勤俭节约成为苏区军民的自觉行动。比如点灯,规定每盏灯只能用一根灯芯,如果用两根灯芯,马上就有人提出批评。毛泽东是苏维埃中央政府主席,按照规定夜晚办公可点三根灯芯,可他仍像在井冈山斗争时期一样,坚持只点一根灯芯,经常在昏暗的灯光下工作到天亮。

1934年3月13日,《红色中华》编辑部向全体苏区军民发出"为四个月节省八十万元而斗争"的号召。陈云、博古、邓颖超等23位从白区进入中央苏区担任领导工作的同志率先响应,联名写信给《红色中华》报,表示:"一、每天节省二两米,使前方红军吃饱饭,好打胜仗;二、今年公家不发我们热天衣服,把这些衣服给新战士穿。"

中央政府各部在"节约总会"推动之下,召开大会并一致通过六项节省规定:"一、从即日起每日每人节省一个铜板,特别是劳动部的工作人员主动提出将每天一角钱的伙食费减为九分钱,并且还要每日每人节约一个铜板;中央国民经济部则提出每人每日节省大洋一分。二、不上馆子,不吃小食。三、节省办公费百分之三十,纸张笔墨灯子灯油有一定的规定,晚上不办公时三人共用一盏油灯看书报;起草文稿利用油印废纸,不需写小字时都用差等毛笔。四、普遍建立节省箱。五、各乡建立一个菜园,自己种植蔬菜。六、坚决开展反浪费、反贪污、反官僚主义的斗争。"

(资料来源:节约每个铜板为着战争和革命事业[N]. 赣南日报,2021-07-01(T15).)

项目小结

1. 标准成本系统也称标准成本制度,是指通过制定标准成本,将标准成本与实际成本进行比较获得成本差异,并对成本差异的形成原因进行分析,就重大的差异事项及时采取措施纠正,从而达到成本控制目标的一种成本控制系统。

2. 标准成本系统包括制定标准成本和分析成本差异。

3. 标准成本一般由企业会计部门会同采购部门、技术部门和其他有关经营管理部门共同制定,包括直接材料标准成本、直接人工标准成本和制造费用标准成本。

4. 标准成本差异是指产品的实际成本与标准成本之间的差额。如果该差额为正,是逆差,为不利差异,说明企业实际成本大于标准成本;如果该差额为负,是顺差,为有利差异,说明企业实际成本小于标准成本。

能力训练

一、单项选择题

1. 某公司生产单一产品,实行标准成本管理。每件产品的标准工时为3小时,固定制造费用的标准成本为6元,企业生产能力为每月生产产品400件。7月公司实际生产产品350件,发生固定制造成本2 250元,实际工时为1 100小时。根据上述数据计算,7月公司固定制造费用效率差异为(　　)元。

  A. 100   B. 150   C. 200   D. 300

 2. 下列关于制定正常标准成本的表述中,正确的是(　　)。

  A. 直接材料的价格标准不包括购进材料发生的检验成本

  B. 直接人工标准工时包括直接加工操作必不可少的时间,不包括各种原因引起的停工工时

  C. 直接人工的价格标准是指标准工资率,它可以是预定的工资率,也可以是正常的工资率

  D. 固定制造费用和变动制造费用的用量标准可以相同,也可以不同,如以直接人工工时作为变动制造费用的用量标准,同时以机器工时作为固定制造费用的用量标准

 3. 某公司生产单一产品,实行标准成本管理。每件产品的标准工时为5小时,固定制造费用的标准成本为10元,企业生产能力为每月生产产品400件。8月公司实际生产产品500件,发生固定制造成本2 250元,实际工时为3 000小时。根据上述数据计算,8月公司固定制造费用效率差异为(　　)元。

  A. 1 000   B. 1 500   C. 2 000   D. 3 000

 4. 下列不会导致材料价格差异的是(　　)。

  A. 未按照经济采购批量进货

  B. 不必要的快速运输方式

  C. 违反合同被罚款

  D. 操作技术改进而节省材料

 5. 下列关于标准成本的说法中,不正确的是(　　)。

  A. 理想标准成本不能作为考核的依据

  B. 在标准成本系统中,广泛使用现行标准成本

  C. 现行标准成本可以成为评价实际成本的依据

  D. 基本标准成本不宜用来直接评价工作效率和成本控制的有效性

 6. 某产品的变动制造费用标准成本为工时消耗4小时,每小时分配率6元。本月生产产品300件,实际使用工时1 500小时,实际发生变动制造费用12 000元。则变动制造费用效率差异为(　　)元。

  A. 1 800   B. 1 650   C. 1 440   D. 1 760

 7. 下列有关作业成本法的表述中,不正确的是(　　)。

  A. 作业成本法认为产品是全部作业所消耗资源的总和,产品是消耗全部作业的成果

  B. 在传统成本计算法下,间接成本的分配路径是"资源→部门→产品"

  C. 作业成本法认为,将成本分配到成本对象有两种不同的形式:直接追溯和动因分配

  D. 能够提供更加真实、准确的成本信息

8. 下列各项中,应使用强度动因作为作业量计量单位的是( )。
   A. 产品的生产准备　　　　　　　　B. 产品的研究开发
   C. 产品的机器加工　　　　　　　　D. 产品的分批质检

二、多项选择题

1. 下列各项中,属于正常标准成本特点的是( )。
   A. 客观性　　　B. 科学性　　　C. 现实性　　　D. 灵活性
2. 下列关于现行标准成本的说法中,正确的有( )。
   A. 可以成为评价实际成本的依据
   B. 可以用来对存货和销货成本计价
   C. 需要经常修订
   D. 与各期实际成本相比,可反映成本变动的趋势
3. 下列属于价格差异的有( )。
   A. 工资率差异　　　　　　　　　　B. 人工效率差异
   C. 变动制造费用耗费差异　　　　　D. 变动制造费用效率差异
4. 固定制造费用的能量差异,可以进一步分为( )。
   A. 闲置能量差异　　　　　　　　　B. 效率差异
   C. 耗费差异　　　　　　　　　　　D. 以上任何两种差异
5. 某产品的单位产品标准成本为:工时消耗 3 小时,变动制造费用分配率 5 元/小时,固定制造费用分配率为 2 元/小时,本月生产产品 500 件,实际使用工时 1 400 小时,生产能量为 1 620 小时,实际发生变动制造费用 7 700 元,实际发生固定制造费用 3 500 元,则下列有关制造费用差异计算正确的有( )。
   A. 变动制造费用耗费差异为 700 元
   B. 变动制造费用效率差异为 −500 元
   C. 固定制造费用耗费差异 260 元
   D. 固定制造费用闲置能量差异 240 元
6. 下列关于固定制造费用差异的表述中,正确的有( )。
   A. 在考核固定制造费用的耗费水平时以预算数为标准,不管业务量增加还是减少,只要实际数额超过预算即视为耗费过多
   B. 固定制造费用闲置能量差异是生产能量与实际产量的标准工时之差与固定制造费用标准分配率的乘积
   C. 固定制造费用能量差异的高低取决于两因素:生产能量是否被充分利用、已利用生产能量的工作效率
   D. 固定制造费用的闲置能量差异计入存货成本不太合理,最好直接转本期损益
7. 下列关于作业成本法与传统的成本计算方法(以产量为基础的完全成本计算方法)比较的说法中,正确的有( )。
   A. 传统的成本计算方法对全部生产成本进行分配,作业成本法只对变动成本进行分配

B. 传统的成本计算方法按部门归集间接费用，作业成本法按作业归集间接费用

C. 作业成本法的直接成本计算范围比传统的成本计算方法的计算范围小

D. 与传统的成本计算方法相比，作业成本法不便于实施责任会计和业绩评价

三、计算题

1. 某企业计划期的生产量标准为 1 000 直接人工小时，直接人工工资总额为 7 000 元，制造费用预算总额为 13 000 元，其中变动费用预算总额为 5 000 元。制造每件 A 产品的直接人工的定额工时为 80 小时，直接材料的消耗定额为 30 千克，每千克材料的标准单价为 60 元，计算 A 产品的标准成本。

成 本 项 目	标准单价/工资率/分配率 ①	标准用量 ②	标准成本 ③＝①×②
直接材料			
直接人工			
制造费用			
其中:变动费用			
固定费用			
标准单位成本			

2. 某企业购进甲种材料 1 000 千克，每千克的实际价格为 2.1 元，标准价格 2 元；购进乙种材料 500 千克，每千克的实际价格为 6.8 元，标准价格为 7 元；甲种材料的实际耗用量 1 000 千克，标准用量 950 千克，乙种材料的实际耗用量 500 千克，标准用量 480 千克。求两种材料的价格差异和数量差异。

3. 某企业采用标准成本控制系统，甲产品的标准成本卡如下。

成 本 项 目	用量标准	价格标准	标准成本/(元/件)
直接材料			
A 材料	9.6 千克/件	2.0 元/千克	19.2
B 材料	3.0 千克/件	3.6 元/千克	10.8
小　计			30
直接人工	5 小时	4.0 元/小时	20
变动性制造费用	5 小时	1.0 元/小时	5
固定性制造费用	5 小时	0.6 元/小时	3
标准成本合计			58

甲产品本期的实际产量为 1 200 件，变动性制造费用的预算总额为 5 000 元，固定性制造费用的预算总额为 3 000 元，预计本期的产量为 1 000 件。实际成本资料如下。

成本项目	实际总用量	实际总价格	实际总成本/元
直接材料			
A 材料	11 400 千克	1.9 元/千克	21 660
B 材料	3 840 千克	3.8 元/千克	14 592
直接人工	5 760 小时	4.1 元/小时	23 616
变动性制造费用	5 760 小时	1.1 元/小时	6 336
固定性制造费用	5 760 小时	0.55 元/小时	3 168
实际成本合计			69 372

根据表格,进行差量分析。

训练笔记

项目工作成果评价

评价指标		权重	评价等级及分值			得分		
			A(3分)	C(2分)	D(1分)	自评	互评	师评
项目工作完成态度		20%	态度非常积极,能主动参与或组织活动	具备基本的工作态度,能参与活动	没有具备基本的工作态度,有时不能参与活动			
			与小组同学合作良好	基本能与小组同学合作	与小组同学合作不太好			
			认真、善始善终完成项目	还算认真,基本能善始善终完成项目	随便,有时不能善始善终完成项目			
			能主动查阅全部相关资料	能查阅一些相关资料	偶尔能查阅一些相关资料			
专业能力	认识标准成本系统	10%	熟练掌握标准成本系统基础知识	基本能够正确认识标准成本系统	能够部分认识标准成本系统			
	制定标准成本	20%	熟练制定标准成本	基本能够正确制定标准成本	能够部分正确制定标准成本			
	计算分析成本差异	20%	熟练计算分析成本差异	基本能够正确计算分析成本差异	能够部分正确计算分析成本差异			
	应用作业成本法	20%	熟练应用作业成本法	基本能够正确应用作业成本法	能够部分正确应用作业成本法			
	职业道德思想意识	10%	完全做到遵守职业道德	基本做到遵守职业道德	能够部分做到遵守职业道德			
小 计								
本项目成绩(平均分)								

责任会计

项目10 / Xiangmu 10

情景引例

海尔集团是世界白色家电领先品牌。2023年,海尔在全球建立了十大研发中心,71个研究院、35个工业园、138个制造中心和25万个销售网络,已发展成为大规模的跨国企业集团。

海尔以"人单合一"的自主经营体为支点,通过"虚实网结合的零库存下的即需即供"商业模式,努力打造满足用户动态需求的体系。

海尔的SBU管理革命始于1998年的企业内部流程再造。SBU是Strategical Business Unit的缩写,意思是战略事业单元,即在企业内部模拟市场交易。海尔全员推行SBU的目的是克服"大企业病",让海尔这个千亿规模的企业能像小企业一样充满活力。

SBU具体的体现就是速度和创新,即把目标量化到每个人身上,每个人都去创新,都以速度去争取用户。SBU的原则是"挣够市场费用、留足企业利润、盈亏都归自己"。

SBU的四个要素是市场目标、市场订单、市场效果、市场报酬,这是企业的四个目标,要转化到每个人身上。市场目标是以速度体现的市场竞争力,创造用户资源;市场订单是以创新创造有价值的订单,实现市场目标;市场效果是以订单执行到位创造出用户满意度的量化数据,并由企业信息化系统显示;市场报酬是自己创造的市场增值部分在收入中的体现,并能对市场目标的再提高产生作用。

SBU意味着员工要成为创新的主体,应该通过在为用户创造价值的过程中体现自己的价值,也就是经营自我。SBU经营有三个特征:一是没有上级,没有下级,只有市场目标和市场关系;二是没有起点,没有终点,只有把握市场变化不断地创新;三是建设充满活力、有速度、有竞争力的市场终端。

海尔通过SBU大力倡导"人单合一",就是每个人都有自己的订单(订单就是市场),都要对订单负责,而每一张订单都有人对它负责,即"人人都管单,单单有人管"。

海尔集团的组织架构图如下。

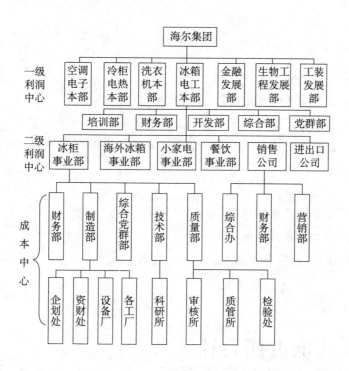

问题：
1. 请分析海尔集团实行的 SBU 和传统职能性组织结构的相同和不同之处。
2. 请参照责任会计的相关理论，分析海尔集团 SBU 组织架构的实施重点和难点。
3. 请谈谈对海尔集团推行全员 SBU 管理实践的看法。

内容导读

课程思政

- 全面贯彻党中央、国务院关于深化国有企业改革的一系列重大决策部署，在坚持供给侧改革和构建以国内大循环为主体、国内国际双循环相互促进的新发展格局的过程中，切实落实国有资产保值增值责任，建立健全有效的激励约束机制，引导中央企业实现高质量发展，加快成为具有全球竞争力的世界一流企业。
- 掌握我国改革开放以来对微观企业主体的业绩考核及其对激发微观主体能动性的作用。
- 理解高质量发展背景下，业绩考核维度的拓展及其内涵。

知识目标

- 了解责任会计的基本含义和责任中心的概念。
- 掌握责任中心的考核方法。
- 掌握内部转移价格的形式。
- 掌握绩效管理中心业绩评价工具的应用方法。

能力目标

- 能够叙述责任中心的含义。
- 能够对责任中心进行划分设置,并进行考核。
- 能够根据企业情况给出内部转移价格指定方案。
- 能够运用合适的业绩评价工具对企业绩效进行评价。

素质目标

- 培养客观公正的职业操守。
- 培养灵活解决实际问题的能力。
- 培养沟通能力、团队合作能力。

任务 1 认识责任会计

任务清单 10-1 认识责任会计

项目名称	内　　容
任务情景	七个人住在一起,每天分一大桶粥,粥每天都是不够的。一开始,他们抓阄决定谁来分粥,每天轮一个人。于是他们每周只有一天是饱的,就是自己分粥的那一天。后来,他们开始推选出一个声称自己道德高尚的人来分粥。大权独揽,没有制约,也就会产生腐败。大家开始挖空心思去讨好他,互相勾结,搞得整个小团体乌烟瘴气。然后,大家开始组成三人分粥委员会及四人评选委员会,经过复杂流程,粥吃到嘴里全是凉的。最后,他们想出来一个方法:轮流分粥,但分粥的人要等其他人都挑完后拿剩下的最后一碗。为了不让自己吃到最少的,每人都尽量分得平均。大家快快乐乐,和和气气,日子越过越好。 这个故事告诉我们,管理者的主要职责其实就是去建立一个像"轮流分粥,分者后取"那样合理、公平、公正的游戏规则(机制),让每个员工按照游戏规则进行自我管理。这种机制既要兼顾企业利益和个人利益,也要让个人利益与企业整体利益统一起来。建立机制的时候,需要考虑责任、权力和利益的和谐统一。 缺乏责任,员工就不明所以,任务不知所属,企业就会处于混乱中;缺乏权利,管理者就没有威信,无法指挥工作;缺乏利益,员工就会积极性下降,消极怠工。只有管理者把"责、权、利"的平台搭建好,员工才能"八仙过海,各显其能"。这里说的"责、权、利"机制就是责任会计
任务目标	理解责任会计的含义、内容和作用;理解责任中心的概念

续表

项目名称	内　　容
任务要求	根据任务情景,通过网络搜索和阅读知识锦囊,梳理并完成上述任务目标
任务实施	1. 责任会计的含义、内容和作用 2. 责任中心的概念
任务总结	完成了上述任务,你有哪些收获? 1. 思政方面 2. 知识能力方面
实施人员	
任务点评	

【知识链接】请扫码查看完成任务清单 10-1 的知识锦囊。

知识锦囊 10-1

任务 2　考评成本中心

任务清单 10-2　考评成本中心

项目名称	内　　容
任务情景	天宇公司内部一车间为成本中心,生产 A 产品,预算产量 6 000 件,单位成本 100 元,实际产量 7 000 件,单位成本 95 元,请使用成本中心的考核指标对该车间进行考评
任务目标	掌握成本中心的概念、特征、分类以及考核指标
任务要求	根据任务情景,通过网络搜索和阅读知识锦囊,梳理并完成上述任务目标
任务实施	1. 成本中心的概念 2. 成本中心的特征

续表

项目名称	内　　容
任务实施	3. 成本中心的分类 4. 成本中心的考核指标 5. 任务情景解析
任务总结	完成了上述任务,你有哪些收获? 1. 思政方面

项目名称	内 容
任务总结	2. 知识能力方面
实施人员	
任务点评	

【知识链接】请扫码查看完成任务清单 10-2 的知识锦囊和视频讲解。

知识锦囊 10-2

视频讲解 10-2

任务3 考评利润中心

任务清单 10-3 考评利润中心

项目名称	内 容
任务情景	天宇公司利润中心 A 部门的相关数据资料如下： | 项　目	金额/元
部门销售收入	45 000
已销商品变动成本费和变动销售费用	28 000
部门可控固定间接费用	2 600
部门不可控固定间接费用	3 500
分配的公司管理费用	3 300 | 请对此利润中心进行考评

续表

项目名称	内容
任务目标	掌握利润中心的概念、分类以及考核指标
任务要求	根据任务情景,通过网络搜索和阅读知识锦囊,梳理并完成上述任务目标
任务实施	1. 利润中心的概念 2. 利润中心的分类 3. 利润中心的考核指标

续表

项目名称	内　　容
任务实施	4. 任务情景解析
任务总结	完成了上述任务，你有哪些收获？ 1. 思政方面 2. 知识能力方面
实施人员	
任务点评	

【知识链接】请扫码查看完成任务清单 10-3 的知识锦囊和视频讲解。

知识锦囊 10-3　　　视频讲解 10-3

任务 4　考评投资中心

任务清单 10-4　考评投资中心

项目名称	内　　容
任务情景	1. 某投资中心的资产总额为 200 万元,负债 100 万元,所有者权益 100 万元,息税前利润 30 万元,利息 10 万元。计算该投资中心的投资利润率。 2. 某集团下设 A、B 两个投资中心。A 中心的投资额为 200 万元,投资利润率为 10%;B 中心的投资额为 300 万元,投资利润率为 15%。集团公司要求的平均投资利润率为 10%。集团公司决定投资 500 万元,若投向 A 中心,每年增加利润 65 万元;投资 B 中心,每年增加利润 70 万元。那么,集团应该投向哪个投资中心?若利用剩余收益指标来判断,集团应该投向哪个投资中心? 3. 假设某公司 A 部门的营业净现金流量为 90 000 元,资产的历史成本平均值为 500 000 元,A 部门的资金成本率为 12%,则该部门的现金回收率和剩余现金流量分别是多少
任务目标	掌握投资中心的概念和考核指标
任务要求	根据任务情景,通过网络搜索和阅读知识锦囊,梳理并完成上述任务目标
任务实施	1. 投资中心的概念 2. 投资中心的考核指标

续表

项目名称	内　　容
任务实施	3. 任务解析 (1) 计算该投资中心的投资利润率 (2) 分析集团应该投向哪个投资中心 (3) 利用剩余收益指标来判断,集团应该投向哪个投资中心 (4) 分析该部门的现金回收率和剩余现金流量
任务总结	完成了上述任务,你有哪些收获? 1. 思政方面 2. 知识能力方面
实施人员	
任务点评	

【知识链接】请扫码查看完成任务清单10-4的知识锦囊和视频讲解。

知识锦囊10-4

视频讲解10-4

任务5　制定内部转移价格

任务清单10-5　制定内部转移价格

项目名称	内　　容
任务情景	管理会计中,在对各责任中心进行考核时,需要考核"成本"和"收入",而大多数责任中心都是企业内部的部门、单位,不直接面向市场,这时候合理确定各责任中心的结算价格就显得非常重要。这就是内部转移价格。收集资料,说说内部转移价格的含义、作用、类型以及应用
任务目标	理解内部转移价格的含义、作用、类型以及应用
任务要求	根据任务情景,通过网络搜索和阅读知识锦囊,梳理并完成上述任务目标
任务实施	1. 内部转移价格的含义 2. 内部转移价格的作用

续表

项目名称	内　　容
任务实施	3. 内部转移价格的类型 4. 内部转移价格的应用
任务总结	完成了上述任务，你有哪些收获？ 1. 思政方面 2. 知识能力方面
实施人员	
任务点评	

【知识链接】请扫码查看完成任务清单 10-5 的知识锦囊。

知识锦囊 10-5

任务6　应用绩效管理工具

任务清单 10-6　应用绩效管理工具

项目名称	内　　容
任务情景	1. 甲公司是一家重型设备加工企业，为了提高管理效率，保障公司内部所有员工都紧跟企业战略目标，召开绩效评价专题讨论会，拟选择与战略推进密切相关的关键指标对相关人员进行绩效评价。会议资料摘录如下。 (1) 要求科学地选择和设置关键绩效指标，关键绩效指标应该概念明确、可度量、与战略高度相关、能反映企业绩效结果，每一层级的指标数量限定在 5～8 个。 (2) 关键绩效指标权重的设置，必须考虑该指标对企业价值的贡献程度。如果影响企业整体价值的指标未完成，即使其他指标完成，也视为未完成绩效。 (3) 公司董事会决定，将净资产收益率和经济增加值回报率作为关键绩效指标，2023 年净利润 326 亿元，经济增加值 115 亿元。平均资产总额 2 560 亿元，平均负债总额 1 325 亿元，平均带息负债和股东权益合计 1 500 亿元。 假设不考虑其他因素。 要求： (1) 根据资料(1)，指出如何制定企业级的关键绩效指标。 (2) 根据资料(1)，指出关键绩效指标的设置是否有不妥之处，若有不妥之处，说明理由。 (3) 根据资料(2)，指出关键绩效指标权重的设置是否有不妥之处，若有不妥之处，说明理由。 (4) 根据资料，指出关键绩效指标法的缺点。 2. 天宇公司 A、B 分公司的经济增加值相关资料如下表所示。 | 项　　目 | A 分公司 | B 分公司 | | --- | --- | --- | | 利润总额/万元 | 138 | 17 | | 加：利息费用/万元 | 25 | 6 |

续表

项目名称	内容
任务情景	续表 | 项　　目	A 分公司	B 分公司
---	---	---
减:应交所得税/万元	50	5
息税后利润/万元	115	17
减:资金总成本/万元	105	15
总资产/万元	830	120
乘:综合资本成本率/%	12.8	11
资本:权数/%	70	37.5
平均资本成本率/%	14	16	 要求:对 A、B 分公司绩效做出评价。 3. 金元公司利用生物净化技术对土壤、农家肥和水进行解毒、净化和修复,并通过吸附土壤重金属、采用生物植物保护剂防治虫害,在华东生产基地成功试产了高于欧盟、日本标准的有机大米。金元公司采用"政府+公司+大米专业合作社+农户"的协议式生产模式,通过向农户无偿提供生产资料和技术服务,保证了大米的质量和产量。目前,该有机大米的收购价格是普通大米市场收购价的 120% 以上,有机大米的市场零售价格是普通大米的 10 倍以上,产品主要目标市场是出口日本、东南亚和国内主要大城市。为了确保对产品质量的控制,金元公司自主研发核心技术、培养技术专业人才。金元公司在有机大米的市场占有率逐年快速增长后,销售额位居同类产品第一,环保、安全、健康的产品理念契合了追求生活品质的消费群体,有机大米的品质和品牌逐渐被消费者高度认可并拥有一些忠实消费者。金元公司在生产有机大米的良好基础上,还生产其他有机农产品,包括水产、蔬菜和水果,并先后在河北、山东、四川等地建成了有机农产品基地。金元公司采用财务和非财务指标进行业绩考核。公司层面的财务指标主要有销售额、销售费用率、净利润、流动比率、速动比率和资产负债率,其他指标主要有市场占有率。为了提高自身产品的竞争力,金元公司通过购买竞争对手的产品并对其进行研究,从而缩小与对手的差距。 要求: (1)简要说明平衡计分卡的业绩衡量方法,以及针对金元公司业绩考核应当补充哪些指标。 (2)指出有效使用平衡计分卡必须遵循的原则。 (3)指出金元公司采用的是对标管理中的哪种标杆,并说明采用标杆评价业绩时需要注意的问题
任务目标	掌握常用企业绩效管理工具的使用方法
任务要求	根据任务情景,通过网络搜索和阅读知识锦囊,梳理并完成上述任务目标
任务实施	1. 关键绩效指标的应用 (1)

续表

项目名称	内　容
任务实施	(2) (3) (4) 2. 经济增加值的应用 3. 平衡计分卡的应用 (1) (2) (3)

续表

项目名称	内　　容
任务总结	完成了上述任务,你有哪些收获? 1. 思政方面 2. 知识能力方面
实施人员	
任务点评	

【知识链接】请扫码查看完成任务清单 10-6 的知识锦囊。

知识锦囊 10-6

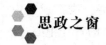

国务院国资委印发《中央企业负责人经营业绩考核办法》

为全面贯彻党的十九大精神和党中央、国务院关于深化国有企业改革、完善国有资产管理体制的一系列重大决策部署,引导中央企业实现高质量发展,加快成为具有全球竞争力的世界一流企业,国务院国资委近日修订印发了《中央企业负责人经营业绩考核办法》(国资委令第40号,以下简称《考核办法》),主要呈现以下四个特点。

一是突出高质量发展考核。多角度构建年度与任期相结合的高质量发展考核指标体系,涵盖效益效率、科技创新、结构调整、国际化经营、保障任务、风险管控、节能环保等方面指标,特别是在坚持质量第一效益优先的原则下,突出科技创新考核引导,鼓励企业加大研发投入,将研发投入视同利润。国资委结合企业不同考核要求,按照"少而精"原则选取指标,纳入年度和任期考核。

二是突出分类考核和差异化考核。根据国有资本的战略定位和发展目标,结合企业实际,对不同功能和类别的企业,突出不同考核重点,合理设置经营业绩考核权重,确定差异化考核标准,实施分类考核。对于混合所有制企业以及处于特殊发展阶段的企业,根据企业功能定位、改革目标和发展战略,考核指标、考核方式可以"一企一策"确定。

三是突出世界一流对标考核。强化国际对标行业对标在指标设置、目标设定、考核计分和结果评级的应用。明确对具备条件的企业,运用国际对标行业对标,确定短板指标纳入考核。规定A级企业根据经营业绩考核得分,结合企业国际对标行业对标情况综合确定,数量从严控制。

四是突出正向激励考核。强化"业绩升、薪酬升,业绩降、薪酬降",适当提高A级企业负责人的绩效年薪挂钩系数。对经营业绩优秀以及在科技创新、国际化经营、节能环保、品牌建设等方面取得突出成绩的企业,予以任期考核通报表扬。鼓励探索创新,企业因实施重大科技创新、发展前瞻性战略性产业等,对经营业绩产生重大影响的,按照"三个区分开来"原则,在考核上不做负向评价。

为确保《考核办法》顺利实施,国资委将配套出台年度考核、任期考核、经济增加值考核、任期激励实施方案和科技创新成果奖励加分细则等相关文件。同时,指导各中央企业结合实际,抓紧修订企业内部高质量发展考核制度,完善考核奖惩机制,切实发挥好业绩考核的引导和推动作用。

(资料来源:国务院国有资产监督管理委员会.国务院国资委印发《中央企业负责人经营业绩考核办法》[EB/OL].[2016-12-23].http://www.sasac.gov.cn/n2588035/c10650828/content.html.)

项目小结

1. 责任会计是管理会计的一个子系统,是在分权管理条件下,为适应经济责任制的要求,在企业内部建立若干责任中心,并对它们的经营活动进行规划、考核和业绩评价的一整套信息系统和控制系统。

2. 在企业内部一般将责任中心划分为成本中心、利润中心和投资中心三类。成本中心是其责任者只对成本或费用负责的责任中心,利润中心是指对利润负责的责任中心,投资中心是指对投资负责的责任中心。

3. 企业内部各责任中心之间相互提供中间产品或劳务时进行结算的价格标准,称为内部转移价格。内部转移价格一般包括市场价格、协商价格、以成本为基础的转移价格和双重价格四种类型。

能力训练

一、单项选择题

1. 下列各项中,属于建立责任会计目标的是( )。
   A. 实现责权利的协调统一 B. 划分责任中心
   C. 编制责任预算 D. 提交责任报告

2. 下列各项中,属于责任会计主体的项目是( )。
   A. 责任中心 B. 产品成本
   C. 生产部门 D. 管理部门

3. 成本中心控制和考核的内容是( )。
   A. 责任成本 B. 产品成本 C. 直接成本 D. 目标成本

4. 下列项目中,不属于利润中心负责范围的是( )。
   A. 成本 B. 收入 C. 利润 D. 投资效果

5. 产品在企业内部各责任中心之间销售,只能按照"内部转移价格"取得收入的利润中心是( )。
   A. 责任中心 B. 局部的利润中心
   C. 自然的利润中心 D. 人为的利润中心

6. 对于任何一个成本中心来说,其责任成本应等于该中心的( )。
   A. 产品成本 B. 固定成本之和
   C. 可控成本之和 D. 不可控成本之和

7. 在下列各项中,需要同时对成本、收入和利润负责的是( )。
   A. 投资中心 B. 利润中心 C. 成本中心 D. 责任中心

8. 对于那些只发生费用支出的部门来说,它们所建立的责任中心只能是( )。
   A. 投资中心 B. 利润中心
   C. 技术性成本中心 D. 酌量性成本中心

9. 下列项目中,通常具有法人资格的责任中心是( )。
   A. 投资中心 B. 利润中心 C. 成本中心 D. 费用中心

10. 某轮胎厂是某汽车公司的一个投资中心,该厂预计2024年投资600万元,预计净收益增加120万元,如果该公司的平均报酬率为20%,则该厂这项投资的剩余收益为

( )万元。

　　A. 150　　　B. 105　　　C. 45　　　D. 0

11. 如果企业内部的供需双方分别按照不同的内部转移价格对同一笔内部交易进行结算,则可以断定它们采用的是( )。

　　A. 成本转移价格　　　B. 市场价格
　　C. 协商价格　　　　　D. 双重价格

12. 在成本转移价格作为内部转移价格时,如果交易产品涉及利润中心或投资中心,则此时的价格应是( )。

　　A. 实际成本　　　　　B. 标准成本
　　C. 标准成本加成　　　D. 变动成本

13. 在责任会计中,将企业办理内部交易结算和内部责任结转所使用的价格称为( )。

　　A. 变动成本　　　　　B. 单项责任成本
　　C. 内部转移价格　　　D. 重置价格

14. 当产品或劳务的市场价格不止一种,供求双方有权在市场上销售或采购,且供应部门的生产能力不受限制时,应当作为内部转移价格的是( )。

　　A. 成本转移价格　　　B. 市场价格
　　C. 双重市场价格　　　D. 协商价格

15. 甲公司下属B部门采用经济增加值作为公司内部的业绩评价指标。已知该部门平均资本占用为60 000元,部门税前经营利润为12 000元,该部门适用的所得税税率为25%,加权平均税后资本成本为10%,则该部门的经济增加值为( )元。

　　A. 4 000　　B. 7 000　　C. 9 000　　D. 3 000

16. 下列关于平衡计分卡特点的表述中,错误的是( )。

　　A. 从财务、客户、内部业务流程、学习与成长四个维度确定绩效指标,使绩效评价更为全面完整
　　B. 注重员工的发展要求和组织资本、信息资本等无形资产的开发利用
　　C. 专业技术要求高,工作量比较大,操作难度也较大
　　D. 各指标权重在不同层级及各层级不同指标之间的分配比较容易

二、多项选择题

1. 下列各项中,属于建立责任会计制度必须遵循原则的有( )。

　　A. 责任主体原则　　　B. 可控性原则
　　C. 目标一致原则　　　D. 激励原则
　　E. 反馈原则

2. 下列各项中,属于责任会计制度内容的有( )。

　　A. 设置责任中心　　　B. 编制责任预算
　　C. 提交责任报告　　　D. 评价经营业绩
　　E. 反映财务状况

3. 下列各项中,属于责任中心内容的有( )。

　　A. 成本中心　　　　　B. 包装中心

C. 销售中心　　　　　　　　D. 利润中心
   E. 投资中心
4. 在下列各项中,能够揭示责任中心特点的项目有(　　)。
   A. 责权利相结合　　　　　　B. 责任与权力都是可控的
   C. 具有承担经济责任的条件　D. 能进行责任核算、业绩考核与评价
   E. 有相对独立的经营业务和财务收支活动
5. 下列各项中,属于某复合成本中心责任成本的有(　　)。
   A. 本中心的产品成本　　　　B. 本中心的变动成本
   C. 本中心的责任成本　　　　D. 本中心的不可控成本
   E. 其下属成本中心的责任成本
6. 下列各项中,属于成本中心类型的有(　　)。
   A. 产品成本中心　　　　　　B. 变动性成本中心
   C. 销售成本中心　　　　　　D. 技术性成本中心
   E. 酌量性成本中心
7. 下列各项中,属于可控成本必须满足的条件有(　　)。
   A. 可以落实责任　　　　　　B. 可以计量
   C. 可以施加影响　　　　　　D. 可以预计
   E. 可以得到补偿
8. 下列各项中,能够揭示责任成本与产品成本主要区别的表述有(　　)。
   A. 成本的特性不同　　　　　B. 归集和分配的对象不同
   C. 分配的原则不同　　　　　D. 核算的基础条件不同
   E. 核算的主要目的不同
9. 在下列各项指标中,属于成本中心考核范畴的有(　　)。
   A. 责任成本总额　　　　　　B. 责任成本变动额
   C. 责任成本变动率　　　　　D. 变动成本变动额
   E. 变动成本变动率
10. 在下列各项指标中,属于利润中心考核范畴的有(　　)。
    A. 人为利润总额　　　　　　B. 利润率
    C. 贡献边际总额　　　　　　D. 负责人可控利润总额
    E. 可控利润总额
11. 在下列各项指标中,属于考核投资中心投资效果的有(　　)。
    A. 责任成本　　　　　　　　B. 营业收入
    C. 贡献边际　　　　　　　　D. 投资利润率
    E. 剩余收益
12. 下列各项表达式中,计算结果等于投资利润率指标的有(　　)。
    A. 总资产周转率×销售利润率
    B. 总资产周转率×销售成本率
    C. 销售成本率×成本费用利润率
    D. 总资产周转率×成本费用利润率
    E. 总资产周转率×销售成本率×成本费用利润率

13. 下列各项中,属于制定内部转移价格应遵循的原则有(   )。
    A. 全局性原则   B. 公平性原则
    C. 自主性原则   D. 重要性原则
    E. 例外性原则

14. 下列各项中,可以作为内部转移价格的有(   )。
    A. 标准变动成本   B. 双重价格
    C. 标准成本加成   D. 标准成本
    E. 协商价格

15. 下列项目中,属于责任中心考核指标的有(   )。
    A. 产品成本   B. 可控成本
    C. 利润   D. 剩余收益
    E. 投资利润率

16. 下列各项中,属于双重价格表现形式的有(   )。
    A. 双重产品价格   B. 双重市场价格
    C. 双重协商价格   D. 双重转移价格
    E. 双重成本转移价格

17. 不属于经济增加值业绩评价的优点是(   )。
    A. 经济增加值不仅是一种业绩评价指标,还是一种全面财务管理和薪金激励体制的框架
    B. 具有比较不同规模公司业绩的能力
    C. 具有比较不同行业公司业绩的能力
    D. 能够对企业的营运效率与效果进行综合评价
    E. 人们对经济增加值的认识具有统一看法

18. 平衡计分卡的四个维度包括(   )。
    A. 财务维度   B. 顾客维度
    C. 内部业务流程维度   D. 学习与成长维度
    E. 企业维度

19. 关键绩效指标法的说法正确的是(   )。
    A. 关键绩效指标来自对公司战略目标的分解
    B. 关键绩效指标是公司战略对每个职位工作绩效要求的具体体现
    C. 关键绩效指标是对重点经营活动的衡量
    D. 关键绩效指标是对所有操作过程的反映
    E. 关键绩效指标被组织上下一致认同

三、计算题

某投资中心投资额为 100 000 元,年净利润为 18 000 元,企业为该投资中心规定的投资利润率为 15%。

要求:计算该投资中心的投资利润率和剩余收益。

项目工作成果评价

评价指标		权重	评价等级及分值			得分		
			A(3分)	C(2分)	D(1分)	自评	互评	师评
项目工作完成态度		10%	态度非常积极,能主动参与或组织活动	具备基本的工作态度,能参与活动	没有具备基本的工作态度,有时不能参与活动			
			与小组同学合作良好	基本能与小组同学合作	与小组同学合作不太好			
			认真、善始善终完成项目	还算认真,基本能善始善终完成项目	随便,有时不能善始善终完成项目			
			能主动查阅全部相关资料	能查阅一些相关资料	偶尔能查阅一些相关资料			
专业能力	认识责任会计	10%	熟练掌握认知责任会计的基本内容	基本掌握责任会计的基本内容	能够部分掌握责任会计的基本内容			
	考评成本中心	15%	熟练正确考评成本中心	基本能够正确考评成本中心	能够部分正确考评成本中心			
	考评利润中心	15%	熟练正确考评利润中心	基本能够正确考评利润中心	能够部分正确考评利润中心			
	考评投资中心	15%	熟练正确考评投资中心	基本能够正确考评投资中心	能够部分正确考评投资中心			
	制定内部转移价格	10%	熟练正确制定内部转移价格	基本能够正确制定内部转移价格	能够部分正确制定内部转移价格			
	应用绩效管理工具	15%	熟练正确应用绩效管理工具	基本能够正确考应用绩效管理工具	能够部分正确应用绩效管理工具			
	职业道德思想意识	10%	完全做到遵守职业道德	基本做到遵守职业道德	能够部分做到遵守职业道德			
小　　计								
本项目成绩(平均分)								

战略管理

情景引例

新东方战略管理

2021年,"双减"来临,在线教育行业发展亟须转型,新东方也是其中之一。当年11月,新东方关停了K12核心业务,俞敏洪团队对新东方做出了战略性调整。一个月后,新东方推出了直播平台"东方甄选",组建"新东方直播间"队伍,除农产品外,还推广新东方优质的教育产品,包含图书、智能学习设备以及文教用品。

一系列变革型探索后,俞敏洪完成了对新东方的重新定义——成为一家以教育产品为核心的教育公司。董宇辉等一众老师在网络上受到认可的背后,是新东方的战略新生。

2022年6月10日,新东方在线收盘价大涨39.37%。仅6月份一个月,新东方在线股价便上涨了409%。经过战略性转型,俞敏洪的新东方又重拾了昔日荣光。

战略管理对企业至关重要,企业的战略选择关系企业未来的生存与发展。我国古代,在《货殖列传》中就记载"人取我予,人弃我取""旱则资舟,涝则资车;夏则资裘,冬则资绔"等预行筹划的战略思想。加强战略管理,通过环境分析,预测未来变化,做出全局性的谋划,才能避免经营的盲目性,以免临时失措,陷于混乱而失败。

内容导读

课程思政

- 提升职业技能和文化认同感。
- 培养用理性的、发展的眼光看待事物的变化和发展。
- 增强社会主义道理自信、制度自信。

知识目标

- 掌握战略管理的基本理论。

- 掌握战略地图的绘制方法。

能力目标

能够对企业进行战略管理。

素质目标

- 提高专业素质和服务技能。
- 培养竞争意识和创新意识。
- 培养团队合作意识和自我管理意识。

任务 1 认识战略管理

任务清单 11-1 认识战略管理

项目名称	内 容
任务情景	战略管理是企业管理的最高层级，被誉为企业管理的"压顶石"，解决的是事关公司生死存亡、前途命运的重大战略问题，对企业管理来说具有非凡意义。什么是战略管理？战略管理有哪些环节？战略管理有哪些层次？这些都需要企业管理者有清楚的认识
任务目标	认识战略管理，掌握战略管理的内涵、过程和层次
任务要求	根据任务情景，通过网络搜索和阅读知识锦囊，梳理并完成上述任务目标
任务实施	1. 战略管理的内涵

续表

项目名称	内 容
任务实施	2. 战略管理的过程 3. 战略管理的层次
任务总结	完成了上述任务,你有哪些收获? 1. 思政方面 2. 知识能力方面
实施人员	
任务点评	

【知识链接】请扫码查看完成任务清单 11-1 的知识锦囊。

知识锦囊 11-1

任务 2　设计战略地图

任务清单 11-2　设计战略地图

项目名称	内　　容
任务情景	一个成功的企业需具有敏锐商业洞察力的领导者,领导者对企业的战略管理需要被员工们理解和执行。要想达成战略目标就需要领导者清晰正确地描述企业战略,并且提供翔实、可落地的计划和方案,确保战略落地。不能落地的战略难免让人有"孤芳自赏"无人理解的沮丧,而这背后更是因错失良机对企业发展造成的限制。 战略地图不是企业战略管理工具中唯一的一种,但肯定是非常重要的一种,因为战略地图能让企业战略落地。通过战略地图实施将战略目标与执行有效绑定,融入年度运营计划或企业预算,渗透到企业的日常经营当中,服务企业战略实施。 什么是战略地图?应如何绘制战略地图
任务目标	掌握战略地图的含义和绘制方法
任务要求	根据任务情景,通过网络搜索和阅读知识锦囊,梳理并完成上述任务目标
任务实施	1. 战略地图的含义

续表

项目名称	内容
任务实施	2. 战略地图的绘制方法
任务总结	完成了上述任务,你有哪些收获? 1. 思政方面 2. 知识能力方面
实施人员	
任务点评	

【知识链接】请扫码查看完成任务清单 11-2 的知识锦囊。

知识锦囊 11-2

思政之窗

华为公司供应链战略管理

华为公司供应链变革可以追溯至1998年，与IBM合作下集成供应链(ISC)的实施使其在降低供应链成本和提高客户满意度两个供应链管理核心目标的达成方面效果显著。2008年开始，华为公司为满足客户要求，实现自身可持续开展，推动供应商的可持续开展。长期深耕于供应链管理的华为公司，实现了企业的跨越式增长和在价值链上的攀升。成绩斐然的同时，也使以美国为代表的一些原全球供应链的领先国家及其企业感到危机，尝试通过各种途径抑制华为公司的迅速增长。2019年5月16日，华为公司及其70家附属公司被美国商务部正式列入"实体名单"，要求未经允许企业不得向华为公司出售元器件和相关技术，意味着华为公司在供应链源头受到了更多的限制。然而，在中美贸易摩擦背景下，华为公司基于其供应链上下游的三角结构的支撑，积极尝试对原有供应链进行调整重塑。同时，华为公司也交出了一份令人振奋的答卷。据华为公司2019年年报显示，2019年华为公司销售收入8 588亿元，同比增长19.1%；净利润627亿元，同比增长5.6%。华为公司在中美贸易摩擦背景下的供应链管理策略和取得的成果，让业界对华为公司供应链结构产生了更大的兴趣和关注。

本案例中，中美贸易摩擦对华为公司供应商管理策略产出了很大影响，我们应关注民族企业在国际竞争中受到的激烈打击，不公平对待，了解民族企业如何应对这些危机，强化爱国情怀，树立技术报国、战略报国的志向。

项目小结

1. 战略管理是指对企业全局的、长远的发展方向、目标、任务和政策，以及资源配置做出决策和管理的过程。战略管理过程可以分为战略分析、战略制定、战略落地、战略评价和战略调整五个部分。战略管理的层次可以分为公司层战略、业务层战略和职能层战略。

2. 战略地图以平衡计分卡的四个层面目标（财务层面、客户层面、内部流程层面、学习与成长层面）为核心，通过分析这四个层面目标的相互关系而绘制公司战略因果关系图。在财务层面，重点有两个方面，开源和节流；客户层面又包括三个主题，分别是产品（服务）、关系和形象；内部流程层面包括业务管理流程、客户管理流程、创新流程和政策法规流程；学习与成长层面包括人力资本价值、信息资本价值和组织资本价值。

能力训练

一、单项选择题

1. 战略管理的核心任务（　　）。
   A. 确定企业下一步"拟做"什么　　B. 确定企业的资金需求量
   C. 管理人员　　　　　　　　　　D. 沟通与客户、供应商直接的关系

2. 战略管理中最重要的过程( )。
   A. 战略制定   B. 战略落地
   C. 战略分析   D. 战略调整
3. 战略地图中,不属于客户层面的主题是( )。
   A. 产品(服务)   B. 关系
   C. 形象   D. 成本
4. 战略地图中,不属于学习与成长层面的主题是( )。
   A. 人力资本价值   B. 信息资本价值
   C. 组织资本价值   D. 企业资产价值

二、多项选择题

1. 关于战略地图,下列说法正确的是( )。
   A. 战略地图可以提炼企业层面的KPI
   B. 战略地图用于描述组织如何确定内部发展战略
   C. 战略地图在企业战略与企业实际工作之间搭建了桥梁
   D. 并不是每个战略性衡量项目都可以用一个或数个绩效指标来衡量
   E. 通过战略地图可以把企业的战略分解为一系列的战略性衡量项目
2. 下列关于战略地图的说法中,正确的有( )。
   A. 战略地图内部业务流程包括营运管理流程、顾客管理流程、创新管理流程和法规与社会流程
   B. 战略地图为战略如何连接无形资产与价值创造提供了架构
   C. 战略地图中无形资产包括人力资本、信息资本和组织资本
   D. 战略地图客户层面的价值主张说明了企业如何针对目标顾客群创造出具有差异化且可持续长久的价值
   E. 公司战略地图的绘制、战略规划及实施是一个"自上而下"的过程
3. 战略分析的方法有( )。
   A. 态势分析法   B. 回归分析法
   C. 波特五力分析法   D. 波士顿矩阵分析法
   E. 德尔菲法
4. 战略管理的过程包括( )。
   A. 战略分析   B. 战略制定
   C. 战略落地   D. 战略评价
   E. 战略调整
5. 战略管理的层次有( )。
   A. 公司层战略   B. 业务层战略
   C. 员工层战略   D. 职能层战略
   E. 财务层战略

6. 战略地图的四个层面包括（   ）。
   A. 财务层面　　　　　　　B. 客户层面
   C. 内部流程层面　　　　　D. 学习与成长层面
   E. 人力资源层面

训练笔记

项目工作成果评价

评价指标		权重	评价等级及分值			得分		
			A(3分)	C(2分)	D(1分)	自评	互评	师评
项目工作完成态度		20%	态度非常积极,能主动参与或组织活动	具备基本的工作态度,能参与活动	没有具备基本的工作态度,有时不能参与活动			
			与小组同学合作良好	基本能与小组同学合作	与小组同学合作不太好			
			认真、善始善终完成项目	还算认真,基本能善始善终完成项目	随便,有时不能善始善终完成项目			
			能主动查阅全部相关资料	能查阅一些相关资料	偶尔能查阅一些相关资料			
专业能力	认知战略管理	30%	熟练掌握认知战略管理的基本内容	基本掌握战略管理的基本内容	部分掌握战略管理基本内容的认知			
	设计战略地图	30%	熟练正确设计战略地图	基本能够正确计设计战略地图	能够部分正确设计战略地图			
	职业道德思想意识	20%	完全做到遵守职业道德	基本做到遵守职业道德	能够部分做到遵守职业道德			
小　　计								
本项目成绩(平均分)								

附表1 1元复利

期数	1%	2%	3%	4%	5%	6%	7%	8%	9%	10%
1	1.010 0	1.020 0	1.030 0	1.040 0	1.050 0	1.060 0	1.070 0	1.080 0	1.090 0	1.100 0
2	1.020 1	1.040 4	1.060 9	1.081 6	1.102 5	1.123 6	1.144 9	1.166 4	1.188 1	1.210 0
3	1.030 3	1.061 2	1.092 7	1.124 9	1.157 6	1.191 0	1.225 0	1.259 7	1.295 0	1.331 0
4	1.040 6	1.082 4	1.125 5	1.169 9	1.215 5	1.262 5	1.310 8	1.360 5	1.411 6	1.464 1
5	1.051 0	1.104 1	1.159 3	1.216 7	1.276 3	1.338 2	1.402 6	1.469 3	1.538 6	1.610 5
6	1.061 5	1.126 2	1.194 1	1.265 3	1.340 1	1.418 5	1.500 7	1.580 9	1.677 1	1.771 6
7	1.072 1	1.148 7	1.229 9	1.315 9	1.407 1	1.503 6	1.605 8	1.713 8	1.828 0	1.948 7
8	1.082 9	1.171 7	1.266 8	1.368 6	1.477 5	1.593 8	1.718 2	1.850 9	1.992 6	2.143 6
9	1.093 7	1.195 1	1.304 8	1.423 3	1.551 3	1.689 5	1.838 5	1.999 0	2.171 9	2.357 9
10	1.104 6	1.219 0	1.343 9	1.480 2	1.628 9	1.790 8	1.967 2	2.158 9	2.367 4	2.593 7
11	1.115 7	1.243 4	1.384 2	1.539 5	1.710 3	1.898 3	2.104 9	2.331 6	2.580 4	2.853 1
12	1.126 8	1.268 2	1.425 8	1.601 0	1.795 9	2.012 2	2.252 2	2.518 2	2.812 7	3.138 4
13	1.138 1	1.293 6	1.468 5	1.665 1	1.885 6	2.132 9	2.409 8	2.719 6	3.065 8	3.452 3
14	1.149 5	1.319 5	1.512 6	1.731 7	1.979 9	2.260 9	2.578 5	2.937 2	3.341 7	3.797 5
15	1.161 0	1.345 9	1.558 0	1.800 9	2.078 9	2.396 6	2.759 0	3.172 2	3.642 5	4.177 2
16	1.172 6	1.372 8	1.604 7	1.873 0	2.182 9	2.540 4	2.952 2	3.425 9	3.970 3	4.595 0
17	1.184 3	1.400 2	1.652 8	1.947 9	2.292 0	2.692 8	3.158 8	3.700 0	4.327 6	5.054 5
18	1.196 1	1.428 2	1.702 4	2.025 8	2.406 6	2.854 3	3.379 9	3.996 0	4.717 15	5.559 9
19	1.208 1	1.456 8	1.753 5	2.106 8	2.527 0	3.025 6	3.616 5	4.315 7	5.141 7	6.115 9
20	1.220 2	1.485 9	1.806 1	2.191 1	2.653 3	3.207 1	3.869 7	4.661 0	5.604 4	6.727 5
21	1.232 4	1.515 7	1.860 3	2.278 8	2.786 0	3.399 6	4.140 6	5.033 8	6.108 8	7.400 2
22	1.244 7	1.546 0	1.916 1	2.369 9	2.925 3	3.603 5	4.430 4	5.436 5	6.658 6	8.140 3
23	1.257 2	1.576 9	1.973 6	2.464 7	3.071 5	3.819 7	4.740 5	5.871 5	7.257 9	8.254 3
24	1.269 7	1.608 4	2.032 8	2.563 3	3.225 1	4.048 9	5.072 4	6.341 2	7.911 1	9.849 7
25	1.282 4	1.640 6	2.093 8	2.665 8	3.386 4	4.291 9	5.427 4	6.848 5	8.623 1	10.835
26	1.295 3	1.673 4	2.156 6	2.772 5	3.555 7	4.549 4	5.807 4	7.396 4	9.399 2	11.918
27	1.308 2	1.706 9	2.221 3	2.883 4	3.733 5	4.882 3	6.213 9	7.988 1	10.245	13.110
28	1.321 3	1.741 0	2.287 9	2.998 7	3.920 1	5.111 7	6.648 8	8.627 1	11.167	14.421
29	1.334 5	1.775 8	2.356 6	3.118 7	4.116 1	5.418 4	7.114 3	9.317 3	12.172	15.863
30	1.347 8	1.811 4	2.427 3	3.243 4	4.321 9	5.743 5	7.612 3	10.063	13.268	17.449
40	1.488 9	2.208 0	3.262 0	4.801 0	7.040 0	10.286	14.794 2	1.725	31.408	45.259
50	1.644 6	2.691 6	4.383 9	7.106 7	11.467	18.420	29.457 4	46.902	74.358	117.39
60	1.816 7	3.281 0	5.891 6	10.520	18.679	32.988	57.946	101.26	176.03	304.48

注：*＞99 999。

附录

终值系数表

12%	14%	15%	16%	18%	20%	24%	28%	32%	36%
1.120 0	1.140 0	1.150 0	1.160 0	1.180 0	1.200 0	1.240 0	1.280 0	1.320 0	1.360 0
1.254 4	1.299 6	1.322 5	1.345 6	1.392 4	1.440 0	1.537 6	1.638 4	1.742 4	1.849 6
1.404 9	1.481 5	1.520 9	1.560 9	1.643 0	1.728 0	1.906 6	2.087 2	2.300 0	2.515 5
1.573 5	1.689 0	1.749 0	1.810 6	1.938 8	2.073 6	2.364 2	2.684 4	3.036 0	3.421 0
1.762 3	1.925 4	2.011 4	2.100 3	2.287 8	2.488 3	2.931 6	3.436 0	4.007 5	4.652 6
1.973 8	2.195 0	2.313 1	2.436 4	2.699 5	2.986 0	3.635 2	4.398 0	5.289 9	6.327 5
2.210 7	2.502 3	2.660 0	2.826 2	3.185 5	3.583 2	4.507 7	5.629 5	6.982 6	8.605 4
2.476 0	2.852 6	3.059 0	3.278 4	3.758 9	4.299 8	5.589 5	7.205 8	9.217 0	11.703
2.773 1	3.251 9	3.517 9	3.803 0	4.435 5	5.159 8	6.931 0	9.223 4	12.166	15.917
3.105 8	3.707 2	4.045 6	4.411 4	5.233 8	6.191 7	8.594 4	11.806	16.060	21.647
3.478 5	4.226 2	4.652 4	5.117 3	6.175 9	7.430 1	10.657	15.112	21.199	29.439
3.896 0	4.817 9	5.350 3	5.936 0	7.287 6	8.916 1	13.215	19.343	27.983	40.037
4.363 5	5.492 4	6.152 8	6.885 8	8.599 4	10.699	16.386	24.759	36.937	54.451
4.887 1	6.261 3	7.075 7	7.987 5	10.147	12.839	20.319	31.691	48.757	74.053
5.473 6	7.137 9	8.137 1	9.265 5	11.974	15.407	25.196	40.565	64.359	100.71
6.130 4	8.137 2	9.357 6	10.748	14.129	18.488	31.243	51.923	84.954	136.97
6.866 0	9.276 5	10.761	12.468	16.672	22.186	38.741	66.461	112.14	186.28
7.690 0	10.575	12.375	14.463	19.673	26.623	48.039	86.071	148.02	253.34
8.612 8	12.056	14.232	16.777	23.214	31.948	59.568	108.89	195.39	344.54
9.646 3	13.743	16.367	19.461	27.393	38.338	73.864	139.38	257.92	468.57
10.804	15.668	18.822	22.574	32.324	46.005	91.592	178.41	340.45	637.26
12.100	17.861	21.645	26.186	38.142	55.206	113.57	228.36	449.39	866.67
13.552	20.362	24.891	30.376	45.008	66.247	140.83	292.30	593.20	1 178.7
15.179	23.212	28.625	35.236	53.109	79.497	174.63	374.14	783.02	1 603.0
17.000	26.462	32.919	40.874	62.669	95.396	216.54	478.90	1 033.6	2 180.1
19.040	30.167	37.857	47.414	73.949	114.48	268.51	613.00	1 364.3	2 964.9
21.325	34.390	43.535	55.000	87.260	137.37	332.95	784.64	1 800.9	4 032.3
23.884	39.204	50.066	63.800	102.97	164.84	412.86	1 004.3	2 377.2	5 483.9
26.750	44.693	57.575	74.009	121.50	197.81	511.95	1 285.6	3 137.9	7 458.1
29.960	50.950	66.212	85.850	143.37	237.38	634.8	21 645.5	4 142.1	1 014.3
93.051	188.83	267.86	378.72	750.38	1 469.8	5 455.9	19 427	66 521	*
289.00	700.23	1 083.7	1 670.7	3 927.4	9 100.4	46 890	*	*	*
897.60	2 595.9	4 384.0	7 370.2	20 555	56 348	*	*	*	*

附表 2　1 元复利

期数	1%	2%	3%	4%	5%	6%	7%	8%	9%	10%
1	0.990 1	0.980 4	0.970 9	0.961 5	0.952 4	0.943 4	0.934 6	0.925 9	0.917 4	0.909 1
2	0.980 3	0.971 2	0.942 6	0.924 6	0.907 0	0.890 0	0.873 4	0.857 3	0.841 7	0.826 4
3	0.970 6	0.942 3	0.915 1	0.889 0	0.863 8	0.839 6	0.816 3	0.793 8	0.772 2	0.751 3
4	0.961 0	0.923 8	0.888 5	0.854 8	0.822 7	0.792 1	0.762 9	0.735 0	0.708 4	0.683 0
5	0.951 5	0.905 7	0.862 6	0.821 9	0.783 5	0.747 3	0.713 0	0.680 6	0.649 9	0.620 9
6	0.942 0	0.888 0	0.837 5	0.790 3	0.746 2	0.705 0	0.666 3	0.630 2	0.596 3	0.564 5
7	0.932 7	0.860 6	0.813 1	0.759 9	0.710 7	0.665 1	0.622 7	0.583 5	0.547 0	0.513 2
8	0.923 5	0.853 5	0.787 4	0.730 7	0.676 8	0.627 4	0.582 0	0.540 3	0.501 9	0.466 5
9	0.914 3	0.836 8	0.766 4	0.702 6	0.644 6	0.591 9	0.543 9	0.500 2	0.460 4	0.424 1
10	0.905 3	0.820 3	0.744 1	0.675 6	0.613 9	0.558 4	0.508 3	0.463 2	0.422 4	0.385 5
11	0.896 3	0.804 3	0.722 4	0.649 6	0.584 7	0.526 8	0.475 1	0.428 9	0.387 5	0.350 5
12	0.887 4	0.788 5	0.701 4	0.624 6	0.556 8	0.497 0	0.444 0	0.397 1	0.355 5	0.318 6
13	0.878 7	0.773 0	0.681 0	0.600 6	0.530 3	0.468 8	0.415 0	0.367 7	0.326 2	0.289 7
14	0.870 0	0.757 9	0.661 1	0.577 5	0.505 1	0.442 3	0.387 8	0.340 5	0.299 2	0.263 3
15	0.861 3	0.743 0	0.641 9	0.555 3	0.481 0	0.417 3	0.362 4	0.315 2	0.274 5	0.239 4
16	0.852 8	0.728 4	0.623 2	0.533 9	0.458 1	0.393 6	0.338 7	0.291 9	0.251 9	0.217 6
17	0.844 4	0.714 2	0.605 0	0.513 4	0.436 3	0.371 4	0.316 6	0.270 3	0.231 1	0.197 8
18	0.836 0	0.700 2	0.587 4	0.493 6	0.415 5	0.350 3	0.295 9	0.250 2	0.212 0	0.179 9
19	0.827 7	0.686 4	0.570 3	0.474 6	0.395 7	0.330 5	0.276 5	0.231 7	0.194 5	0.163 5
20	0.819 5	0.673 0	0.553 7	0.456 4	0.376 9	0.311 8	0.258 4	0.214 5	0.178 4	0.148 6
21	0.811 4	0.659 8	0.537 5	0.438 8	0.358 9	0.294 2	0.241 5	0.198 7	0.163 7	0.135 1
22	0.803 4	0.646 8	0.521 9	0.422 0	0.341 8	0.277 5	0.225 7	0.183 9	0.150 2	0.122 8
23	0.795 4	0.634 2	0.506 7	0.405 7	0.325 6	0.261 8	0.210 9	0.170 3	0.137 8	0.111 7
24	0.787 6	0.621 7	0.491 9	0.390 1	0.310 1	0.247 0	0.197 1	0.157 7	0.126 4	0.101 5
25	0.779 8	0.609 5	0.477 6	0.375 1	0.295 3	0.233 0	0.184 2	0.146 0	0.116 0	0.092 3
26	0.772 0	0.597 6	0.463 7	0.360 4	0.281 2	0.219 8	0.172 2	0.135 2	0.106 4	0.083 9
27	0.764 4	0.585 9	0.450 2	0.346 8	0.267 8	0.207 4	0.160 9	0.125 2	0.097 6	0.076 3
28	0.756 8	0.574 4	0.437 1	0.333 5	0.255 1	0.195 6	0.150 4	0.115 9	0.089 5	0.069 3
29	0.749 3	0.563	0.424 3	0.320 7	0.242 9	0.184 6	0.140 6	0.107 3	0.082 2	0.063 0
30	0.741 9	0.552 1	0.412 0	0.308 3	0.231 4	0.174 1	0.131 4	0.099 4	0.075 4	0.057 3
35	0.705 9	0.500 0	0.355 4	0.253 4	0.181 3	0.130 1	0.093 7	0.067 6	0.049 0	0.035 6
40	0.671 7	0.452 9	0.306 6	0.208 3	0.142 0	0.097 2	0.066 8	0.046 0	0.031 8	0.022 1
45	0.649 1	0.410 2	0.264 4	0.171 2	0.111 3	0.072 7	0.047 6	0.031 3	0.020 7	0.013 7
50	0.608 0	0.371 5	0.228 1	0.140 7	0.087 2	0.054 3	0.033 9	0.021 3	0.013 4	0.008 5
55	0.578 5	0.336 5	0.196 8	0.115 7	0.068 3	0.040 6	0.024 2	0.014 5	0.008 7	0.005 3

注：* <0.000 1。

现值系数表

12%	14%	15%	16%	18%	20%	24%	28%	32%	36%
0.892 9	0.877 2	0.869 6	0.862 1	0.847 5	0.833 3	0.806 5	0.781 3	0.757 6	0.735 3
0.797 2	0.769 5	0.756 1	0.743 2	0.718 2	0.694 4	0.650 4	0.610 4	0.573 9	0.540 7
0.711 8	0.675 0	0.657 5	0.640 7	0.608 6	0.578 7	0.524 5	0.476 8	0.434 8	0.397 5
0.635 5	0.592 1	0.571 8	0.552 3	0.515 8	0.482 3	0.423 0	0.372 5	0.329 4	0.292 3
0.567 4	0.519 4	0.497 2	0.476 2	0.437 1	0.401 9	0.341 1	0.291 0	0.249 5	0.214 9
0.506 6	0.455 6	0.432 3	0.410 4	0.370 4	0.334 9	0.275 1	0.227 4	0.189 0	0.158 0
0.452 3	0.399 6	0.375 9	0.353 8	0.313 9	0.279 1	0.221 8	0.177 6	0.143 2	0.116 2
0.403 9	0.350 6	0.326 9	0.305 0	0.266 0	0.232 6	0.178 9	0.138 8	0.108 5	0.085 4
0.360 6	0.307 5	0.284 3	0.263 0	0.225 5	0.193 8	0.144 3	0.108 4	0.082 2	0.062 8
0.322 0	0.269 7	0.247 2	0.226 7	0.191 1	0.161 5	0.116 4	0.084 7	0.062 3	0.046 2
0.287 5	0.236 6	0.214 9	0.195 4	0.161 9	0.134 6	0.093 8	0.066 2	0.047 2	0.034 0
0.256 7	0.207 6	0.186 9	0.168 5	0.137 3	0.112 2	0.055 7	0.051 7	0.035 7	0.025 0
0.229 2	0.182 1	0.162 5	0.145 2	0.116 3	0.093 5	0.061 0	0.040 4	0.027 1	0.018 4
0.204 6	0.159 7	0.141 3	0.125 2	0.098 5	0.077 9	0.049 2	0.031 6	0.020 5	0.013 5
0.182 7	0.140 1	0.122 9	0.107 9	0.083 5	0.064 9	0.039 7	0.024 7	0.015 5	0.009 9
0.163 1	0.122 9	0.106 9	0.098 0	0.070 9	0.054 1	0.032 0	0.019 3	0.011 8	0.007 3
0.145 6	0.107 8	0.092 9	0.080 2	0.060 0	0.045 1	0.025 9	0.015 0	0.008 9	0.005 4
0.130 0	0.094 6	0.080 8	0.069 1	0.050 8	0.037 6	0.020 8	0.011 8	0.006 8	0.003 9
0.116 1	0.082 9	0.070 3	0.059 6	0.043 1	0.031 3	0.016 8	0.009 2	0.005 1	0.002 9
0.103 7	0.072 8	0.061 1	0.051 4	0.036 5	0.026 1	0.013 5	0.007 2	0.003 9	0.002 1
0.092 6	0.063 8	0.053 1	0.044 3	0.030 9	0.021 7	0.010 9	0.005 6	0.002 9	0.001 6
0.082 6	0.056 0	0.046 2	0.038 2	0.026 2	0.018 1	0.008 8	0.004 4	0.002 2	0.001 2
0.073 8	0.049 1	0.040 2	0.032 9	0.022 2	0.015 1	0.007 1	0.003 4	0.001 7	0.000 8
0.065 9	0.043 1	0.034 9	0.028 4	0.018 8	0.012 6	0.005 7	0.002 7	0.001 3	0.000 6
0.058 8	0.037 8	0.030 4	0.024 5	0.016 0	0.010 5	0.004 6	0.002 1	0.001 0	0.000 5
0.052 5	0.033 1	0.026 4	0.021 1	0.013 5	0.008 7	0.003 7	0.001 6	0.000 7	0.000 3
0.046 9	0.029 1	0.023 0	0.018 2	0.011 5	0.007 3	0.003 0	0.001 3	0.000 6	0.000 2
0.041 9	0.025 5	0.020 0	0.015 7	0.009 7	0.006 1	0.002 4	0.001 0	0.000 4	0.000 2
0.037 4	0.022 4	0.017 4	0.013 5	0.008 2	0.005 1	0.002 0	0.000 8	0.000 3	0.000 1
0.033 4	0.019 6	0.015 1	0.011 6	0.007 0	0.004 2	0.001 6	0.000 6	0.000 2	0.000 1
0.018 9	0.010 2	0.007 5	0.005 5	0.003 0	0.001 7	0.000 5	0.000 2	0.000 1	*
0.010 7	0.005 3	0.003 7	0.002 6	0.001 3	0.000 7	0.000 2	0.000 1	*	*
0.006 1	0.002 7	0.001 9	0.001 3	0.000 6	0.000 3	0.000 1	*	*	*
0.003 5	0.001 4	0.000 9	0.000 6	0.000 3	0.000 1	*	*	*	*
0.002 0	0.000 7	0.000 5	0.000 3	0.000 1	*	*	*	*	*

附表3 1元年金

期数	1%	2%	3%	4%	5%	6%	7%	8%	9%	10%
1	1.000 0	1.000 0	1.000 0	1.000 0	1.000 0	1.000 0	1.000 0	1.000 0	1.000 0	1.000 0
2	2.010 0	2.020 0	2.030 0	2.040 0	2.050 0	2.060 0	2.070 0	2.080 0	2.090 0	2.100 0
3	3.030 1	3.060 4	3.090 9	3.121 6	3.152 5	3.183 6	3.214 9	3.246 4	3.278 1	3.310 0
4	4.060 4	4.121 6	4.183 6	4.246 5	4.310 1	4.374 6	4.439 9	4.506 1	4.573 1	4.641 0
5	5.101 0	5.204 0	5.309 1	5.416 3	5.525 6	5.637 1	5.750 7	5.866 6	5.984 7	6.105
6	6.152 0	6.308 1	6.468 4	6.633 0	6.801 9	6.975 3	7.153 3	7.335 9	7.523 3	7.715 6
7	7.213 5	7.434 3	7.662 5	7.898 3	8.142 0	8.393 8	8.654 0	8.922 8	9.200 4	9.487 2
8	8.285 7	8.583 0	8.892 3	9.214 2	9.549 1	9.897 5	10.260	10.637	11.028	11.436
9	9.368 5	9.754 6	10.159	10.583	11.027	11.491	11.978	12.488	13.021	13.579
10	10.462	10.950	11.464	12.006	12.578	13.181	13.816	14.487	15.193	15.937
11	11.567	12.169	12.808	13.486	14.207	14.972	15.784	16.645	17.560	18.531
12	12.683	13.412	14.192	15.026	15.917	16.870	17.888	18.977	20.141	21.384
13	13.809	14.680	15.618	16.627	17.713	18.882	20.141	21.495	22.953	24.523
14	14.947	15.974	17.086	18.292	19.599	21.015	22.550	24.214	26.019	27.975
15	16.097	17.293	18.599	20.024	21.579	23.276	25.129	27.152	29.361	31.772
16	17.258	18.639	20.157	21.825	23.657	25.673	27.888	30.324	33.003	35.950
17	18.430	20.012	21.762	23.698	25.840	28.213	30.840	33.750	36.974	40.545
18	19.615	21.412	23.414	25.645	28.132	30.906	33.999	37.450	41.301	45.599
19	20.811	22.841	25.117	27.671	30.539	33.760	37.379	41.446	46.018	51.159
20	22.019	24.297	26.870	29.778	33.066	36.786	40.995	45.752	51.160	57.275
21	23.239	25.783	28.676	31.969	35.719	39.993	44.865	50.423	56.765	64.002
22	24.472	27.299	30.537	34.248	38.505	43.392	49.006	55.457	62.873	71.403
23	25.716	28.845	32.453	36.618	41.430	46.996	53.436	60.883	69.532	79.543
24	26.973	30.422	34.426	39.083	44.502	50.816	58.177	66.765	76.790	88.497
25	28.243	32.030	36.459	41.646	47.727	54.863	63.249	73.106	84.701	98.347
26	29.526	33.671	38.553	44.312	51.113	59.156	68.676	79.954	93.324	109.18
27	30.821	35.344	40.710	47.084	54.669	63.706	74.484	87.351	102.72	121.10
28	32.129	37.051	42.931	49.968	58.403	68.528	80.698	95.339	112.97	134.21
29	33.450	38.792	45.219	52.966	62.323	73.640	87.347	103.97	124.14	148.63
30	34.785	40.568	47.575	56.085	66.439	79.058	94.461	113.28	136.31	164.49
40	48.886	60.402	75.401	95.026	120.80	154.76	199.64	259.06	337.88	442.59
50	64.463	84.579	112.80	152.67	209.35	290.34	406.53	573.77	815.08	1 163.9
60	81.670	114.05	163.05	237.99	353.58	533.13	813.52	1 253.2	1 944.8	3 034.8

注：*＞99 999。

终值系数表

12%	14%	15%	16%	18%	20%	24%	28%	32%	36%
1.000 0	1.000 0	1.000 0	1.000 0	1.000 0	1.000 0	1.000 0	1.000 0	1.000 0	1.000 0
2.120 0	2.140 0	2.150 0	2.160 0	2.180 0	2.200 0	2.240 0	2.280 0	2.320 0	2.360 0
3.374 4	3.439 6	3.472 5	3.505 6	3.572 4	3.640 0	3.777 6	3.918 4	3.062 4	3.209 6
4.779 3	4.921 1	4.993 4	5.066 5	5.215 4	5.368 0	5.684 2	6.015 6	6.362 4	6.725 1
6.352 8	6.610 1	6.742 4	6.877 1	7.154 2	7.441 6	8.048 4	8.699 9	9.398 3	10.146
8.115 2	8.535 5	8.753 7	8.977 5	9.442 0	9.929 9	10.980	12.136	13.406	14.799
10.089	10.730	11.067	11.414	12.142	12.916	14.615	16.534	18.696	21.126
12.300	13.233	13.727	14.240	15.327	16.499	19.123	22.163	25.678	29.732
14.776	16.085	16.786	17.519	19.086	20.799	24.712	29.369	34.895	41.435
17.549	19.337	20.304	21.321	23.521	25.959	31.643	38.593	47.062	57.352
20.655	23.045	24.349	25.733	28.755	32.150	40.238	50.398	63.122	78.998
24.133	27.271	29.002	30.850	34.931	39.581	50.895	65.510	84.320	108.44
28.029	32.089	34.352	36.786	42.219	48.497	64.110	84.853	112.30	148.47
32.393	37.581	40.505	43.672	50.818	59.196	80.496	109.61	149.24	202.93
37.280	43.842	47.580	51.660	60.965	72.035	100.82	141.30	198.00	276.98
42.753	50.980	55.717	60.925	72.939	87.442	126.01	181.87	262.36	377.69
48.884	59.118	65.075	71.673	87.068	105.93	157.25	233.79	347.31	514.66
55.750	68.394	75.836	84.141	103.74	128.12	195.99	300.25	459.45	770.94
63.440	78.969	88.212	98.603	123.41	154.74	244.03	385.32	607.47	954.28
72.052	91.025	102.44	115.38	146.63	186.69	303.60	494.21	802.86	1 298.8
81.699	104.77	118.81	134.84	174.02	225.03	377.46	633.59	1 060.8	1 767.4
92.503	120.44	137.63	157.41	206.34	271.03	469.06	812.00	1 401.2	2 404.7
104.60	138.30	159.28	183.60	244.49	326.24	582.63	1 040.4	1 850.6	3 271.3
118.16	158.66	184.17	213.98	289.49	392.48	723.46	1 332.7	2 443.8	4 450.0
133.33	181.87	212.79	249.21	342.60	471.98	898.09	1 706.8	3 226.8	6 053.0
150.33	208.33	245.71	290.09	405.27	567.38	1 114.6	2 185.7	4 260.4	8 233.1
169.37	238.50	283.57	337.50	479.22	681.85	1 383.1	2 798.7	5 624.8	11 198.0
190.70	272.89	327.10	392.50	566.48	819.22	1 716.1	583.3	7 225.7	15 230.3
214.58	312.09	377.17	456.30	669.45	984.07	2 129.0	4 587.7	9 802.9	20 714.2
241.33	356.79	434.75	530.31	790.95	1 181.92	640.9	5 873.2	12 941.2	8 172.3
767.09	1 342.0	1 779.1	2 360.8	4 163.2	7 343.2	2 729.6	9 377	*	*
2 400.0	4 994.5	7 217.7	10 436.2	1 813.4	5 497	*	*	*	*
7 471.6	18 535	29 220	46 058	*	*	*	*	*	*

附表4 1元年金

期数	1%	2%	3%	4%	5%	6%	7%	8%	9%
1	0.990 1	0.980 4	0.970 9	0.961 5	0.952 4	0.943 4	0.934 6	0.925 9	0.917 4
2	1.970 4	1.941 6	1.913 5	1.886 1	1.859 4	1.833 4	1.808 0	1.783 3	1.759 1
3	2.941 0	2.883 9	2.828 6	2.775 1	2.723 2	2.673 0	2.624 3	2.577 1	2.531 3
4	3.902 0	3.807 7	3.717 1	3.629 9	3.546 0	3.465 1	3.387 2	3.312 1	3.239 7
5	4.853 4	4.713 5	4.579 7	4.451 8	4.329 5	4.212 4	4.100 2	3.992 7	3.889 7
6	5.795 5	5.601 4	5.417 2	5.242 1	5.075 7	4.917 3	4.766 5	4.622 9	4.485 9
7	6.728 2	6.472 0	6.230 3	6.002 1	5.786 4	5.582 4	5.389 3	5.206 4	5.033 0
8	7.651 7	7.325 5	7.019 7	6.732 7	6.463 2	6.209 8	5.971 3	5.746 6	5.534 8
9	8.566 0	8.162 2	7.786 1	7.435 3	7.107 8	6.801 7	6.515 2	6.246 9	5.995 2
10	9.471 3	8.982 6	8.530	8.110 9	7.721 7	7.360 1	7.023 6	6.710 1	6.417 7
11	10.367 6	9.786 8	9.252 6	8.760 5	8.306 4	7.886 9	7.498 7	7.139 0	6.805 2
12	11.255 1	10.575 3	9.954 0	9.385 1	8.863 3	8.383 8	7.942 7	7.536 1	7.160 7
13	12.133 7	11.348 4	10.635 0	9.985 6	9.393 6	8.852 7	8.357 7	7.903 8	7.486 9
14	13.003 7	12.106 2	11.296 1	10.563	19.898 6	9.295 0	8.745 5	8.244 2	7.786 9
15	13.865 1	12.849 3	11.937 9	11.118 4	10.379 7	9.712 2	9.107 9	8.559 5	8.060 7
16	14.717 9	13.577 7	12.561 1	11.652 3	10.837 8	10.105 9	9.446 6	8.851 4	8.312 6
17	15.562 3	14.291 9	13.166 1	12.165 7	11.274 1	10.477 3	9.763 2	9.121 6	8.543 6
18	16.398 3	14.992 0	13.753 5	12.689 6	11.689 6	10.827 6	10.059 1	9.371 9	8.755 6
19	17.226 0	15.678 5	14.323 8	13.133 9	12.085 3	11.158 1	10.335 5	9.603 6	8.960 1
20	18.045 6	16.351 4	14.877 5	13.590 3	12.462 2	11.469 9	10.594 0	9.818 1	9.128 5
21	18.857 0	17.011 2	15.415 0	14.029 2	12.821 2	11.764 1	10.835 5	10.016 8	9.292 2
22	19.660 4	17.658 0	15.936 9	14.451 1	13.488 6	12.303 4	11.061 2	10.200 7	9.442 4
23	20.455 8	18.292 2	16.443 6	14.856 8	13.488 6	12.303 4	11.272 2	10.371 1	9.580 2
24	21.243 4	18.913 9	16.935 5	15.247 0	13.798 6	12.550 4	11.469 3	10.528 8	9.706 6
25	22.023 2	19.523 5	17.413 1	15.622 1	14.093 9	12.783 4	11.653 6	10.674 5	9.822 6
26	22.795 2	20.121 0	17.876 8	15.982 8	14.375 2	13.003 2	11.825 8	10.810 0	9.929 0
27	23.559 6	20.705 9	18.327 0	16.329 6	14.643 0	13.210 5	11.986 7	10.935 2	10.026 6
28	24.316 4	21.281 3	18.764 1	16.663 1	14.898 1	13.406 2	12.137 1	11.051 1	10.116 1
29	25.065 8	21.844 4	19.188 5	16.983 7	15.141 1	13.590 7	12.277 7	11.158 4	10.198 3
30	25.807 7	22.396 5	19.600 4	17.292 0	15.372 5	13.764 8	12.409 0	11.257 8	10.273 7
35	29.408 6	24.998 6	21.487 2	18.664 6	16.374 2	14.498 2	12.947 7	11.654 6	10.566 8
40	32.834 7	27.355 5	23.114 8	19.792 8	17.159 1	15.046 3	13.331 7	11.924 6	10.757 4
45	36.094 5	29.490 2	24.518 7	20.720 0	17.774 1	15.455 8	13.605 5	12.108 4	10.881 2
50	39.196 1	31.423 6	25.729 8	21.482 2	18.255 9	15.761 9	13.800 7	12.233 5	10.961 7
55	42.147 2	33.174 8	26.774 4	22.108 6	18.633 5	15.990 5	13.939 9	12.318 6	11.014 0

现值系数表

10%	12%	14%	15%	16%	18%	20%	24%	28%	32%
0.909 1	0.892 9	0.877 2	0.869 6	0.862 1	0.847 5	0.833 3	0.806 5	0.781 3	0.757 6
1.735 5	1.690 1	1.646 7	1.625 7	1.605 2	1.565 6	1.527 8	1.456 8	1.391 6	1.331 5
2.486 9	2.401 8	2.321 6	2.283 2	2.245 9	2.174 3	2.106 5	1.981 3	1.868 4	1.766 3
3.169 9	3.037 3	2.917 3	2.855 0	2.798 2	2.690 1	2.588 7	2.404 3	2.241 0	2.095 7
3.790 8	3.604 8	3.433 1	3.352 2	3.274 3	3.127 2	2.990 6	2.745 4	2.532 0	2.345 2
4.355 3	4.111 4	3.888 7	3.784 5	3.684 7	3.497 6	3.325 5	3.020 5	2.759 4	2.534 2
4.868 4	4.563 8	4.288 2	4.160 4	4.038 6	3.811 5	3.604 6	3.242 3	2.937 0	2.677 5
5.334 9	4.967 6	4.638 9	4.487 3	4.343 6	4.077 6	3.837 2	3.421 2	3.075 8	2.786 0
5.759 0	5.328 2	4.916 4	4.771 6	4.606 5	4.303 0	4.031 0	3.565 5	3.184 2	2.868 1
6.144 6	5.650 2	5.216 1	5.018 8	4.833 2	4.494 1	4.192 5	3.681 9	3.268 9	2.930 4
6.495 1	5.937 7	5.452 7	5.233 7	5.028 6	4.656 0	4.327 1	3.775 7	3.335 1	2.977 6
6.813 7	6.194 4	5.660 3	5.420 6	5.197 1	4.793 2	4.439 2	3.851 4	3.386 8	3.013 3
7.103 4	6.423 5	5.842 4	5.583 1	5.342 3	4.909 5	4.532 7	3.912 4	3.427 2	3.040 4
7.366 7	6.628 2	6.002 1	5.724 5	5.467 5	5.008 1	4.610 6	3.961 6	3.458 7	3.060 9
7.606 1	6.810 9	6.142 2	5.847 4	5.575 5	5.091 6	4.675 5	4.001 3	3.483 4	3.076 4
7.823 7	6.974 0	6.265 1	5.954 2	5.668 5	5.162 4	4.729 6	4.033 3	3.502 6	3.088 2
8.021 6	7.119 6	6.372 9	6.047 2	5.748 7	5.222 3	4.774 6	4.059 1	3.517 7	3.097 1
8.021 6	7.249 7	6.467 4	6.128 0	5.817 8	5.273 2	4.812 2	4.079 9	3.529 4	3.103 9
8.364 9	7.365 8	6.550 4	6.198 2	5.877 5	5.316 2	4.843 5	4.096 7	3.538 6	3.109 0
8.513 6	7.469 4	6.623 1	6.259 3	5.928 8	5.352 7	4.869 6	4.110 3	3.545 8	3.112 9
8.648 7	7.562 0	6.687 0	6.312 5	5.973 1	5.383 7	4.891 3	4.121 2	3.551 4	3.115 8
8.771 5	7.644 6	6.742 9	6.358 7	6.011 3	5.409 9	4.909 4	4.130 0	3.555 8	3.118 0
8.883 2	7.718 4	6.792 1	6.398 8	6.044 2	5.432 1	4.924 5	4.137 1	3.559 2	3.119 7
8.984 7	7.784 3	6.835 1	6.433 8	6.072 6	5.450 9	4.937 1	4.142 8	3.561 9	3.121 0
9.077 0	7.843 1	6.872 9	6.464 1	6.097 1	5.466 9	4.947 6	4.147 4	3.564 0	3.122 0
9.160 9	7.895 7	6.906 1	6.490 6	6.118 2	5.480 4	4.956 3	4.151 1	3.565 6	3.122 7
9.237 2	7.942 6	6.935 2	6.513 5	6.136 4	5.491 9	4.963 6	4.154 2	3.566 9	3.123 3
9.306 6	7.984 4	6.960 7	6.533 5	6.152 0	5.501 6	4.969 7	4.156 6	3.567 9	3.123 7
9.369 6	8.021 8	6.983 0	6.550 9	6.165 6	5.509 8	4.974 7	4.158 5	3.568 7	3.124 0
9.426 9	8.055 2	7.002 7	6.566 0	6.177 2	5.516 6	4.978 9	4.160 1	3.569 3	3.124 2
9.644 2	8.175 5	7.070 0	6.616 6	6.215 3	5.538 6	4.991 5	4.164 4	3.570 8	3.124 8
9.779 1	8.243 8	7.105 0	6.641 8	6.233 5	5.548 2	4.996 6	4.165 9	3.571 2	3.125 0
9.862 8	8.282 5	7.123 2	6.654 3	6.242 1	5.552 3	4.998 6	4.166 4	3.571 4	3.125 0
9.914 8	8.304 5	7.132 7	6.660 5	6.246 3	5.554 1	4.999 5	4.166 6	3.571 4	3.125 0
9.947 1	8.317 0	7.137 6	6.663 6	6.248 2	5.554 9	4.999 8	4.166 7	3.571 4	3.125 0

参 考 文 献

[1] 王素霞,金春,陈小兰. 管理会计学项目化教程[M]. 上海:上海交通大学出版社,2017.
[2] 袁向华,张志萍,郭晓燕. 管理会计[M]. 西安:西北工业大学出版社,2015.
[3] 孙茂竹,支晓强,戴璐. 管理会计学[M]. 北京:中国人民大学出版社,2020.
[4] 冯巧根. 管理会计[M]. 北京:中国人民大学出版社,2020.